Sekundarstufe

Eckhard Berger

Bilder *richtig* gestalten

1 Kompositions- & Gestaltungsgrundlagen

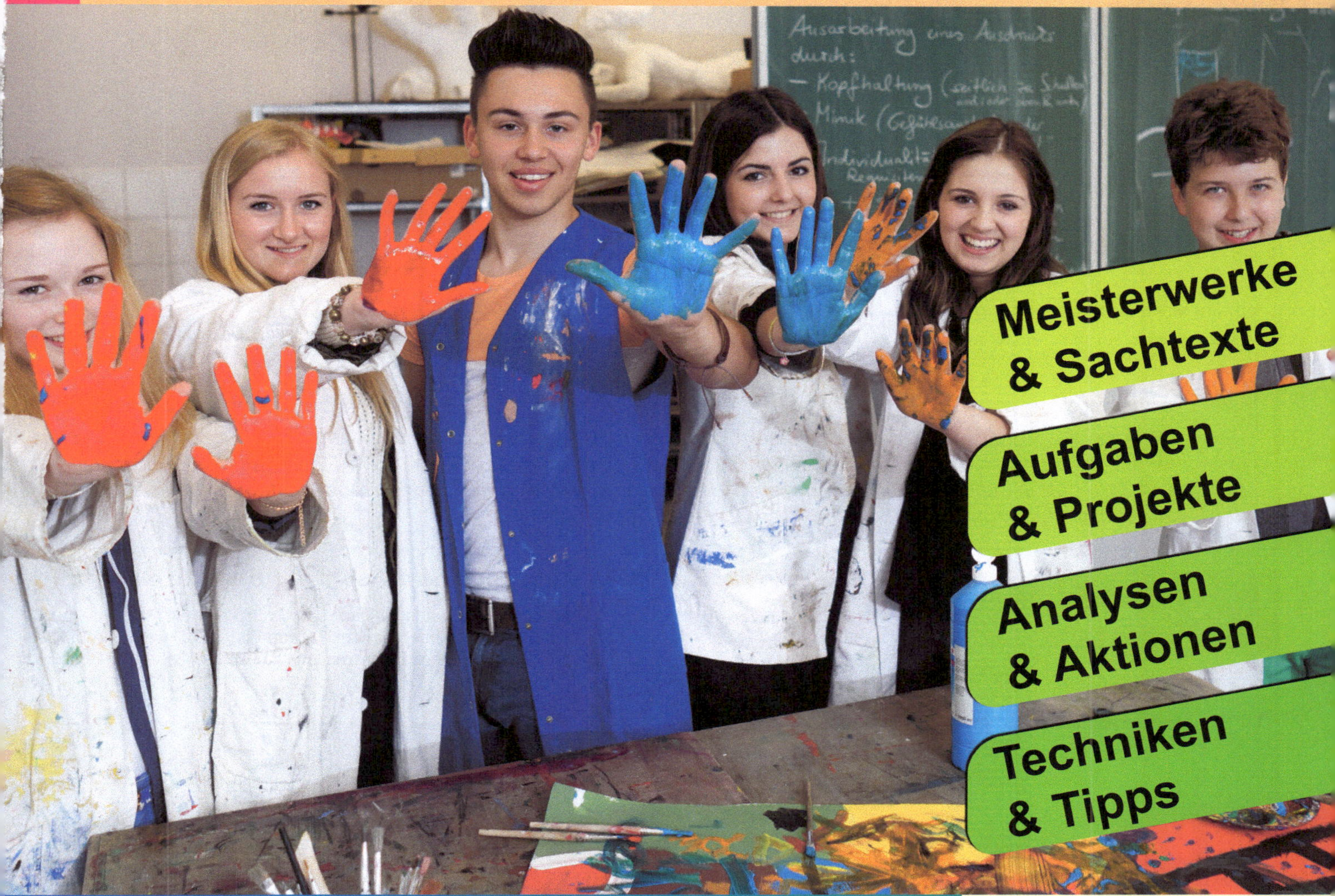

Meisterwerke & Sachtexte

Aufgaben & Projekte

Analysen & Aktionen

Techniken & Tipps

Motiv, Format, Bildzonen, Goldener Schnitt, Kontraste, Ordnungsprinzipien u.v.m.

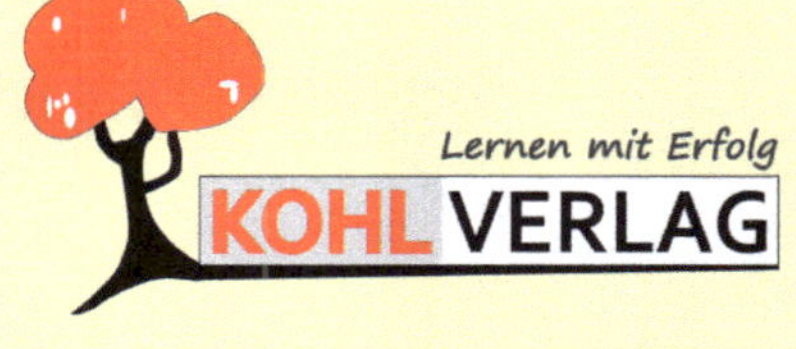

www.kohlverlag.de

Bilder *richtig* gestalten

Band 1: Kompositions- & Gestaltungsgrundlagen

1. Auflage 2024

Idee und Text: Eckhard Berger
Coverbild: Christian Schwier – AdobeStock.com
Fotos: Archiv teamberger, Barbara Berger
Redaktion: Kohl-Verlag
Grafik & Satz: Eckhard Berger und Kohl-Verlag
Druck: Elanders Druck, Waiblingen

Bestell-Nr. 13 091

ISBN: 978-3-98841-164-8

Bildquellen © adobestock.com

S. 2: Africa Studio; **S. 4-53:** Evolvect, AAVAA, Fiedels, Lysenko, SAMDesigning, olkita, Vilogsign, Dr. Watson; **S. 11:** Melipo-Art, edb3_16, frank peters; **S. 14:** edb3_16; **S. 16:** frank peters; **S. 23:** SayLi, blackdiamond67; **S. 31:** Andreas; **S. 37:** Damir Khabirov; **S. 44:** Natalie; **S. 49:** Lucas; **S. 50:** Michael (4x); **S. 51:** Summit Art Creations

Inhalt

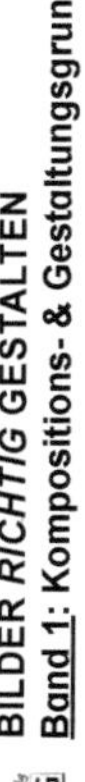

Vorwort

Bilder richtig gestalten, Band 1 und Band 2, enthält als einzigartiges, standardisiertes Lehr- und Lernwerk umfassend die Kompositions- und Gestaltungsgrundlagen, ein unentbehrliches Fachgrundwissen. Es ist optimal kompetenzorientiert unter besonderer Berücksichtigung der Pflichtvorgaben und Standards für den modernen Kunstunterricht in der Sekundarstufe entwickelt worden.

Bilder richtig gestalten bietet keine **Rezepte** an, sondern die **Sprache der Bilder**. Schülerinnen und Schüler lernen und verinnerlichen erfolgreich mit Hilfe der wichtigen Kompositions- und Gestaltungsprinzipien in einem schnellen Prozess, Bilder konsequent, präzise und zielgerichtet richtig zu analysieren, zu verstehen und zu gestalten. Sie setzen dabei Bildideen wie Künstler um und erwerben Expertenwissen.
Komprimierte und verständliche Sachtexte, meisterhafte Kunstwerke, exklusive Fotos, faszinierende Grafiken, gezielte Lernkontrollaufgaben und vielfältige kreative Aufgaben mit verschiedenen Materialien, Stilen und Techniken und viele nützliche Tipps tragen dazu bei.

Bilder richtig gestalten eignet sich gleichermaßen für die Fachlehrkraft und die fachfremde Lehrkraft. Alle Themen können in ihrer Gesamtheit, einzeln oder als Themeneinheit ohne oder im Kontext mit anderen Themen durchgenommen werden. Über die Reihenfolge entscheidet die Lehrkraft. Abschließende Kontrollaufgaben informieren über den Wissensstand. Schülerinnen und Schüler können auch direkt in dem Buch arbeiten. Hauptarbeitsmittel sind der Bleistift, die Farbstifte, der Pinsel, die Tuschfarben, Aufgabenkopien und der Zeichenblock. Es ist ohne aufwendige Vorbereitung auf Grund seines hohen Selbsterklärungsgrades sofort einsetzbar. Zusätzliche Aufgaben dienen der Erweiterung und Vertiefung. Zeichen bieten eindeutige und schnelle Orientierungshilfen:

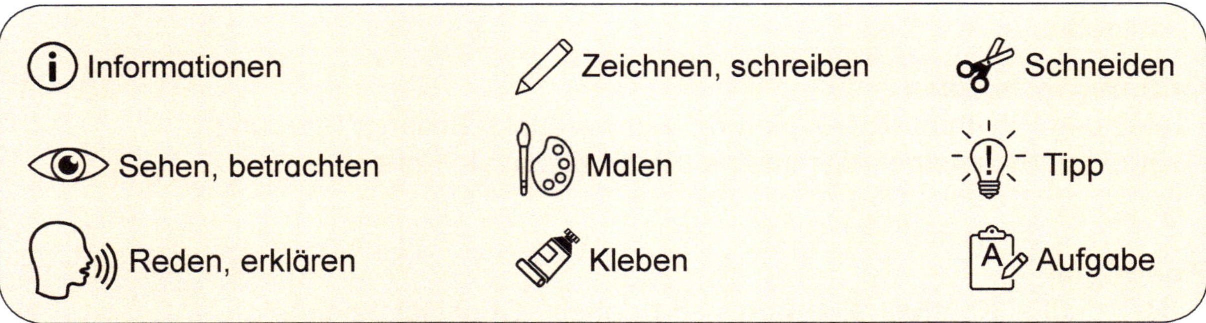

Viel Freude und Erfolg mit dem Lehr- und Lernbuch **Bilder richtig gestalten** wünschen der Kohl-Verlag und

Eckhard Berger

Buchempfehlungen aus dem Kohl-Verlag:

- **Bilder richtig gestalten,** Band 2
- **Wir werden Kunstprofi**, Band 1 und 2
- **Farbe - Komplette Theorie und Praxis im modernen Kunstunterricht**
- **Raum & Perspektive**
- **Große Kunstgeschichte**, Band 1 und 2

Mehr Informationen, Empfehlungen und Tipps: www.kohlverlag.de und www.teamberger.de

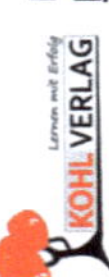

Komposition

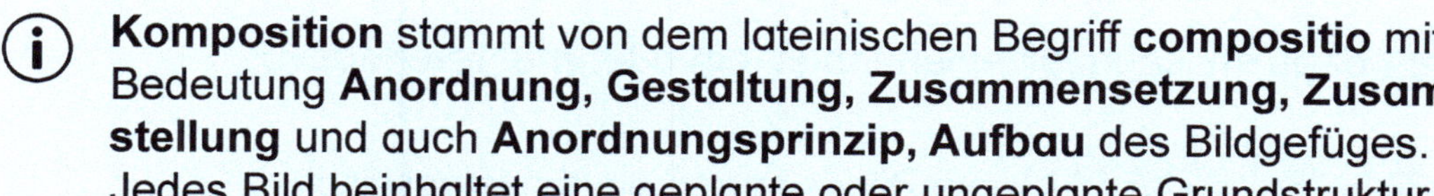

Komposition stammt von dem lateinischen Begriff **compositio** mit der Bedeutung **Anordnung, Gestaltung, Zusammensetzung, Zusammenstellung** und auch **Anordnungsprinzip, Aufbau** des Bildgefüges.
Jedes Bild beinhaltet eine geplante oder ungeplante Grundstruktur mit unterschiedlichen Kompositionselementen.

Komposition ist im Vergleich zur künstlerischen und kreativen Seite die handwerkliche und erlernbare Seite, weil sie mit Regeln zumindest teilweise erfasst werden kann. Sie ist der formale Aufbau mit einem Ordnungsprinzip. Sie ist in Bildern, Plastiken und anderen Bereichen der Kunst zu sehen. Dabei stehen die inhaltlichen, formalen und technischen Komponenten in einem Zusammenhang.

Eine Komposition besteht aus Kompositionselementen, die eine bestimmte Wirkung erzielen. So können unterschiedliche Elemente eine spannungsreiche, dynamische oder ruhige Wirkung schaffen. Zu den wesentlichen Elementen zählen:

- Formate
- Bildzonen
- Goldener Schnitt
- Kompositionslinien und -figuren
- Ordnungs- oder Gestaltungsprinzipien
- Gestaltungsmittel (Punkt, Linie und Fläche)
- Bildraum
- Licht und Schatten
- Plastizität
- Perspektive
- Farbe
- und andere

Der Einsatz der Kompositionselemente änderte sich immer wieder im Lauf der Kunstgeschichte. Auch kamen neue dazu. Beispielsweise legten in der Epoche der **Renaissance** Künstler ihren Bildern nach der Bestimmung des Formates geometrische Mittel als Kompositionsgerüst zu Grunde, aus dem sie den groben und dann den feinen Inhalt entwickelten.

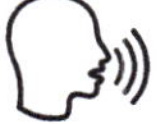

- *Erkläre den Begriff **Komposition**.*
- *Welche ist die allgemeine Aufgabe einer Komposition?*
- *Zähle Beispiele für Kompositionselemente auf.*
- *Nenne drei Gestaltungsmittel.*
- *Gab es Änderungen der Kompositionselemente während der Kunstgeschichte?*

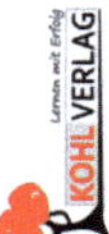

Motiv

Bilder haben im Regelfall einen Inhalt, ein oder mehrere Motive.

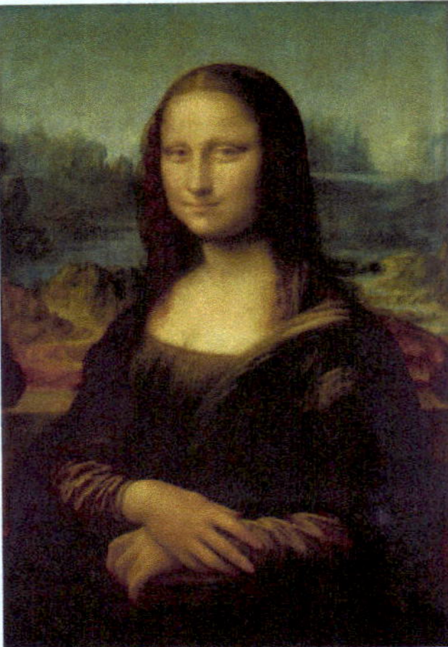

Leonardo da Vinci
Mona Lisa 1503-1505

Viele Bilder haben ein einzelnes Motiv, das Hauptmotiv, auf das sich sofort der Blick richtet. Es steht im Regelfall im Vordergrund. Einige kleine untergeordnete oder nebensächliche Motive können es umgeben. Mehrere Figuren oder Objekte können das Hauptmotiv bilden, zum Beispiel eine Ansammlung von Menschen, Pflanzen oder Tieren.

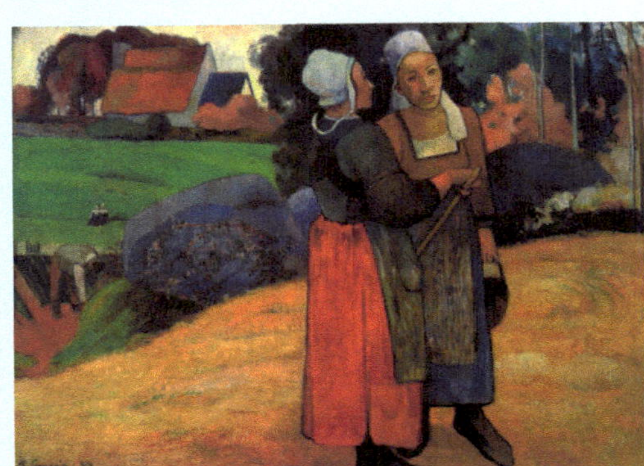

Paul Gauguin
Bretonische Bäuerinnen 1894

Bilder können auch ein **Hauptmotiv** und mehrere **Nebenmotive** beinhalten, zum Beispiel ein Baum im Vordergrund und Wild im Mittelgrund.

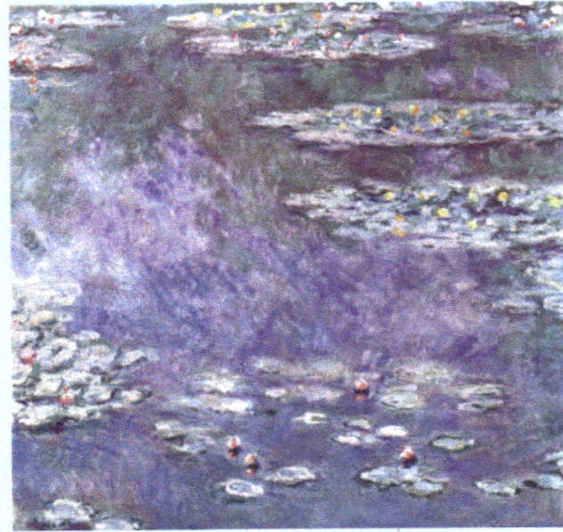

Claude Monet
Seerosenteich 1908

Das Hauptmotiv kann fehlen. Ein Bild zeigt zwei oder mehrere **Nebenmotive**.

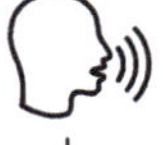

- *Beschreibe die Bilder und erkläre die Zuordnungen.*

- *Male ein Bild mit einem Hauptmotiv und Nebenmotiven mit Pinseln und Tuschfarben auf einem Zeichenblockblatt der Größe DIN A3, zum Beispiel Bäume im Vordergrund und Tiere im Hintergrund.*

KOHL VERLAG
BILDER *RICHTIG* GESTALTEN
Band 1: Kompositions- & Gestaltungsgrundlagen – Bestell-Nr. 13 091

Haupt- und Nebenmotiv

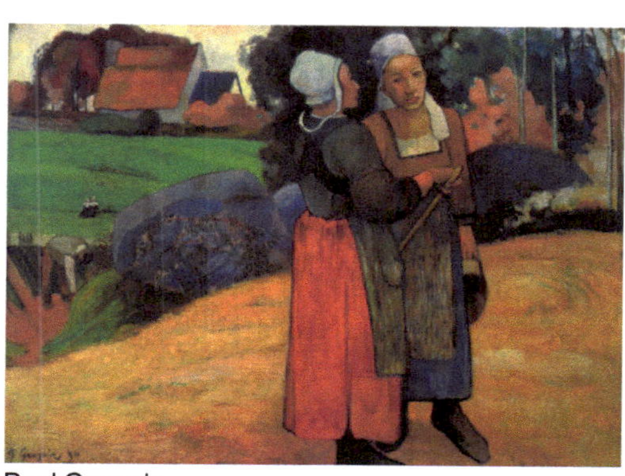
Paul Gauguin
Bretonische Bäuerinnen 1894

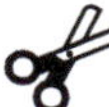

- *Schneide die beiden bretonischen Bäuerinnen aus.*

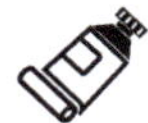

- *Klebe sie auf eine ausgewählte Stelle eines Zeichenblockblattes der Größe DIN A3.*

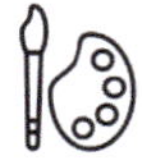

- *Da sie ein Hauptmotiv sein sollen, ergänze mit Pinseln und Tuschfarben Inhalte als Nebenmotive, zum Beispiel weitere Personen.*

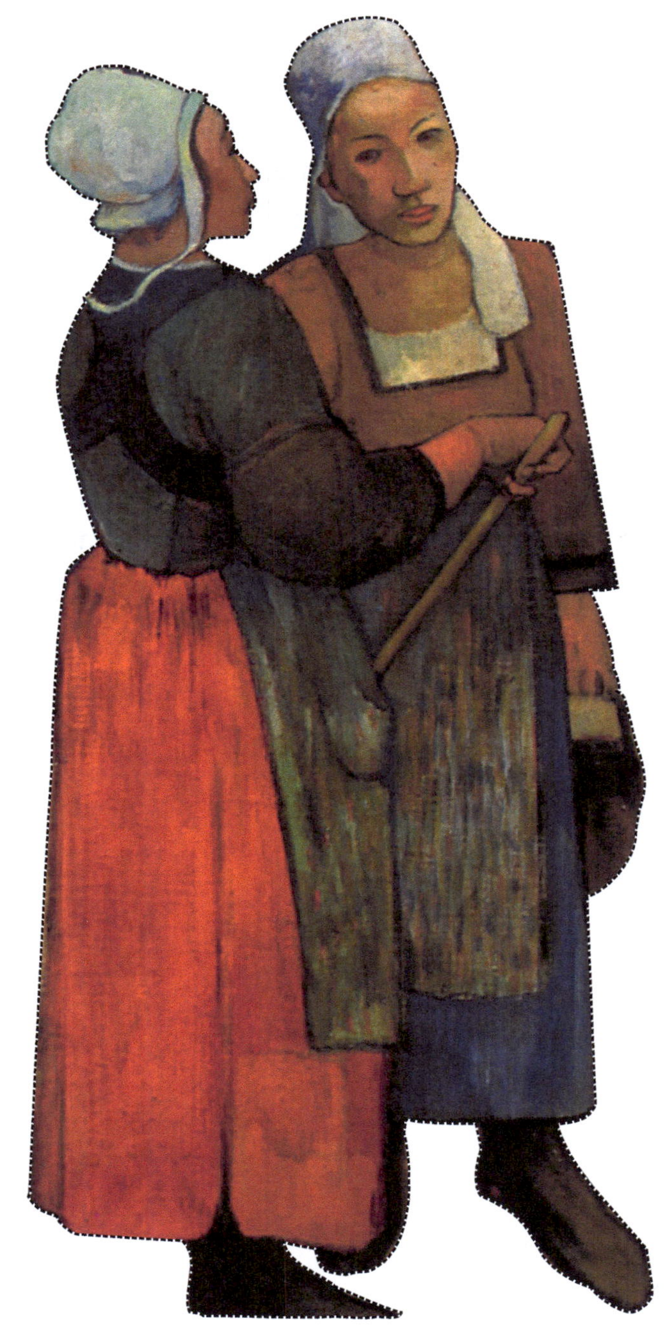

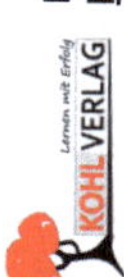

Format

ⓘ Zu den grundlegenden Kompositionselementen gehört das Bildformat, das zu dem Bildinhalt passen muss. Es kann Einfluss auf ihn und seine Wirkung auf den Betrachter nehmen.

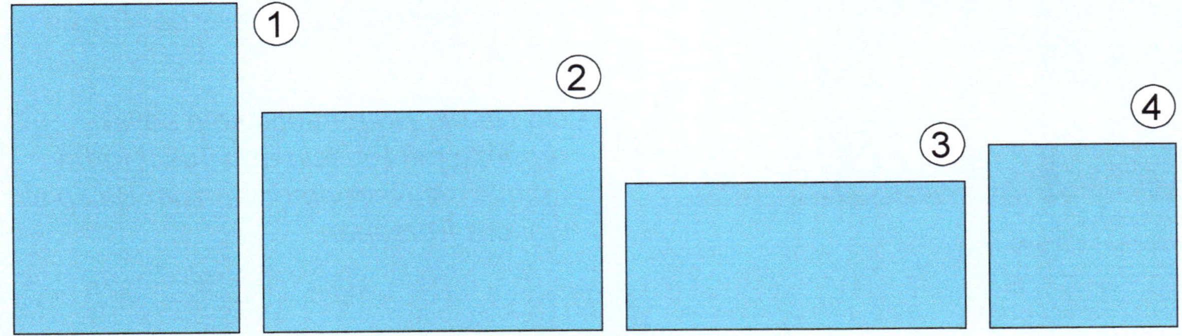

Am häufigsten werden das Hoch- (1) und Querformat (2), Hoch- und Flachrechteck, als Rechteck. Porträts sind zumeist hochformatig und Landschaften querformatig. Panorama (3) als Erweiterung des Querformates und des menschlichen Sichtfeldes und Quadrat (4) sind weitere Eckformate.

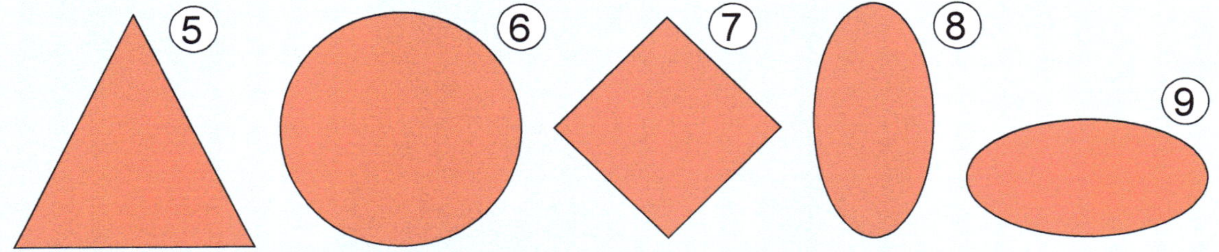

Das Dreiecks- (5) und Rundformat oder Rundbild (6), das **Tondo**, folgen. Selten sind die Raute (7), das stehende (8) und das liegende Oval (9).

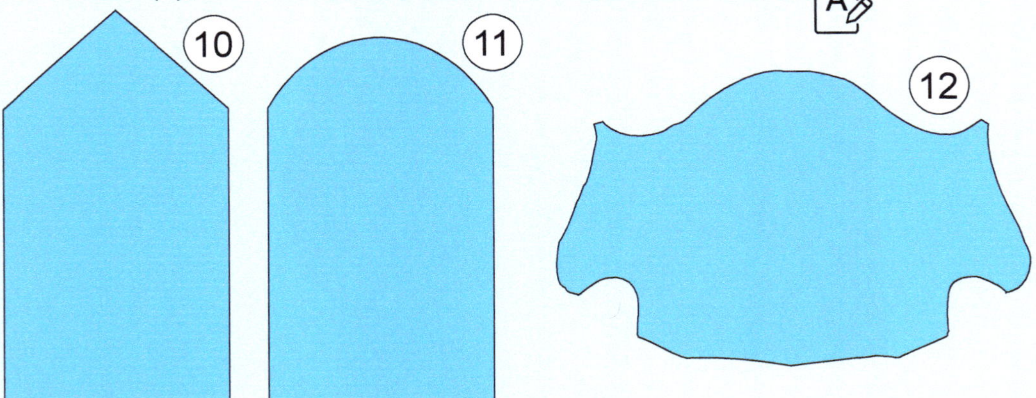

Zusätzlich gibt es Kombinationen, zum Beispiel das Hochformat mit einem Spitz- (10) oder Rundbogen (11) oben. Mehrteilige und individuelle oder freie Formate (12) folgen.

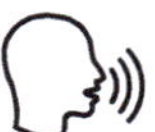

- *Zähle die häufigsten Bildformate auf.*
- *Erkläre die Wichtigkeit eines Bildformates.*

BILDER *RICHTIG* GESTALTEN
Band 1: Kompositions- & Gestaltungsgrundlagen – Bestell-Nr. 13 091
KOHL VERLAG

Formatarten

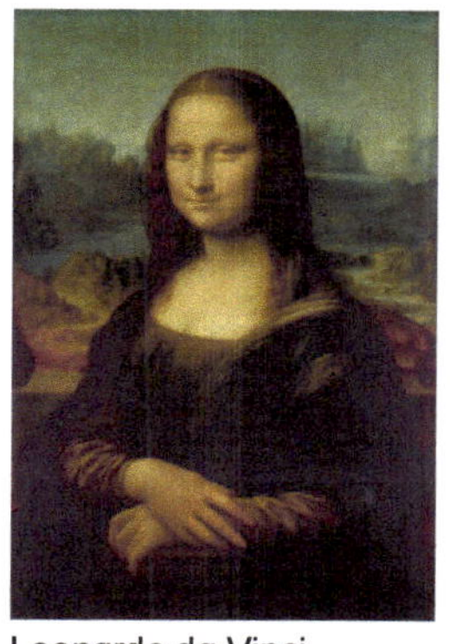
Leonardo da Vinci
Mona Lisa 1503-1505

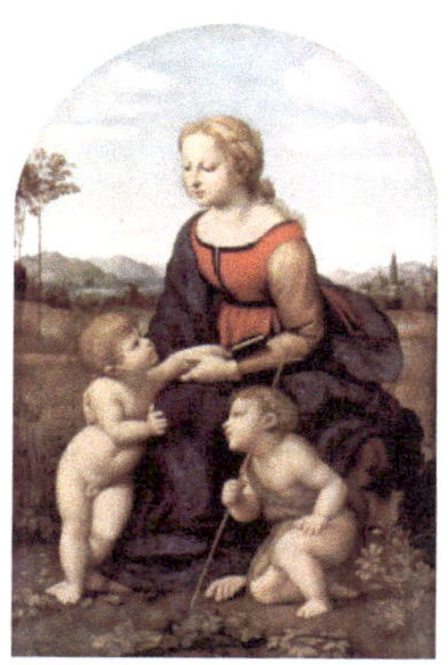
Raffael
Madonna mit Kind 1507

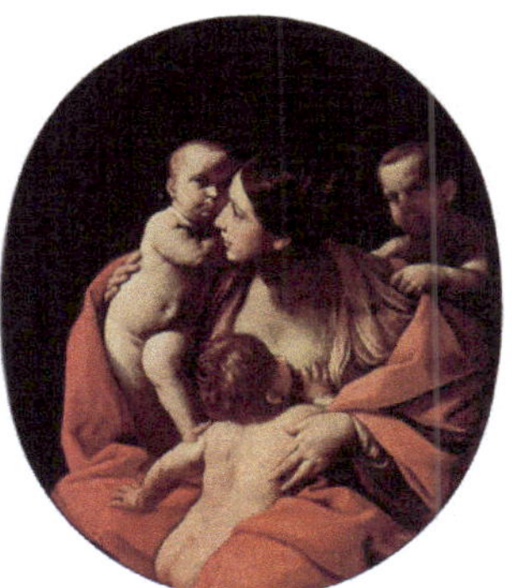
Guido Reni
Caritas, Oval 1604-1607

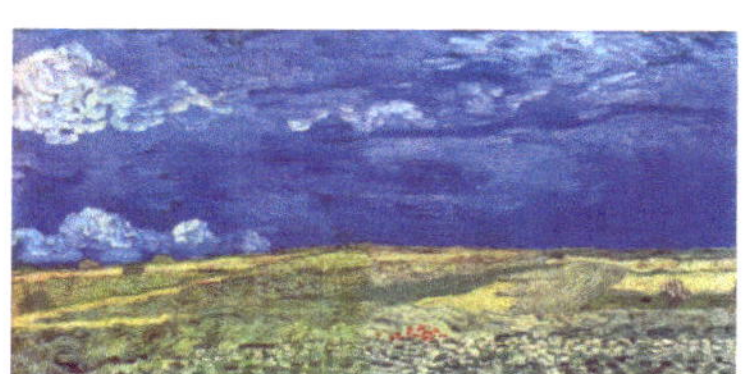
Vincent van Gogh
Feld unter Sturmhimmel 1890

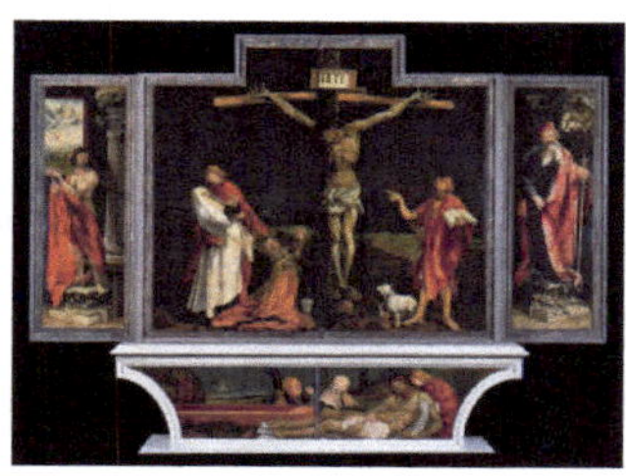
Matthias Grünewald
Isenheimer Altar 1512-1516

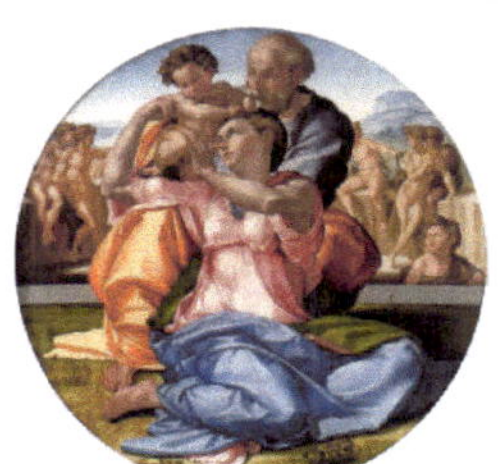
Michelangelo
Heilige Familie 1506

Kasimir Maleswitch
Schwarzes Quadrat um 1930

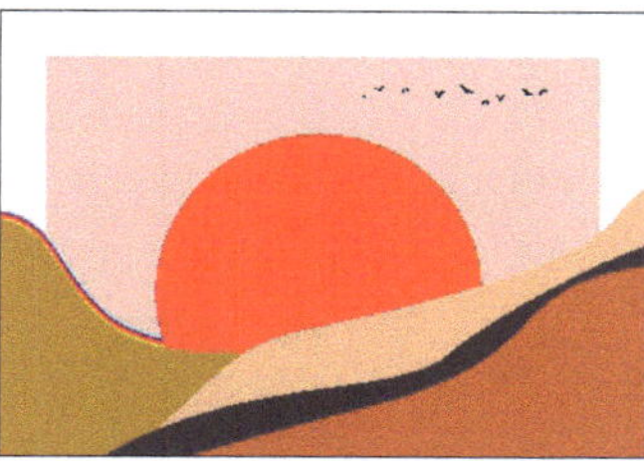
Eckhard Berger
Sonnenuntergang 2022

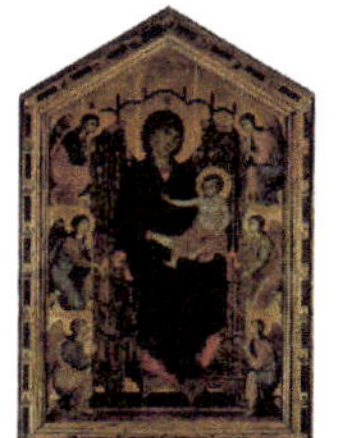
Ducio di Buoninsegna
Madonna Rucellai 1285

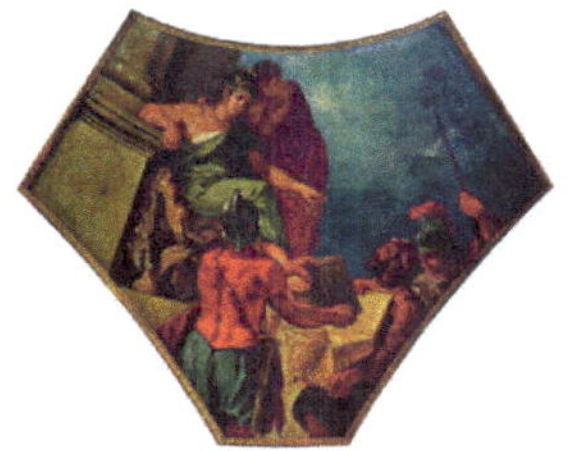
Eugène Delacroix **Alexander und die Epen Homers** 19. Jh.

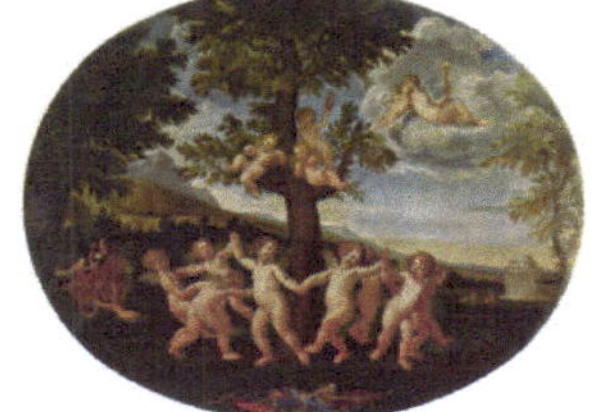
Francesco Albani **Tanz der Amoretten** um 1620-1630

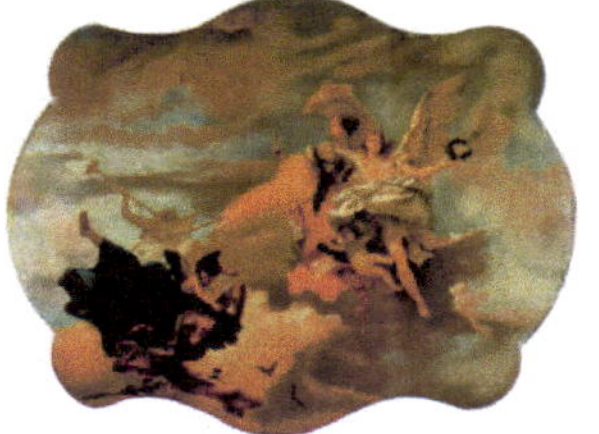
Giovanni Battista Tiepolo
Triumphzug um 1745-1750

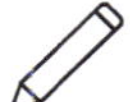
Schreibe den Namen des Formats unter die Bilder.

BILDER *RICHTIG* GESTALTEN
Band 1: Kompositions- & Gestaltungsgrundlagen – Bestell-Nr. 13 091
KOHL VERLAG

Rundes und eckiges Format

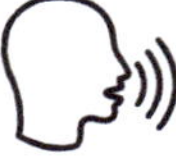

- Beschreibe Michelangelos Bild **Die Heilige Familie** (1506).

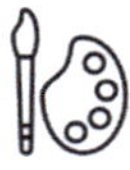

- Zeichne es in den eckigen Formaten weiter.

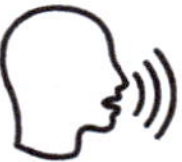

- Beschreibe die Unterschiede.

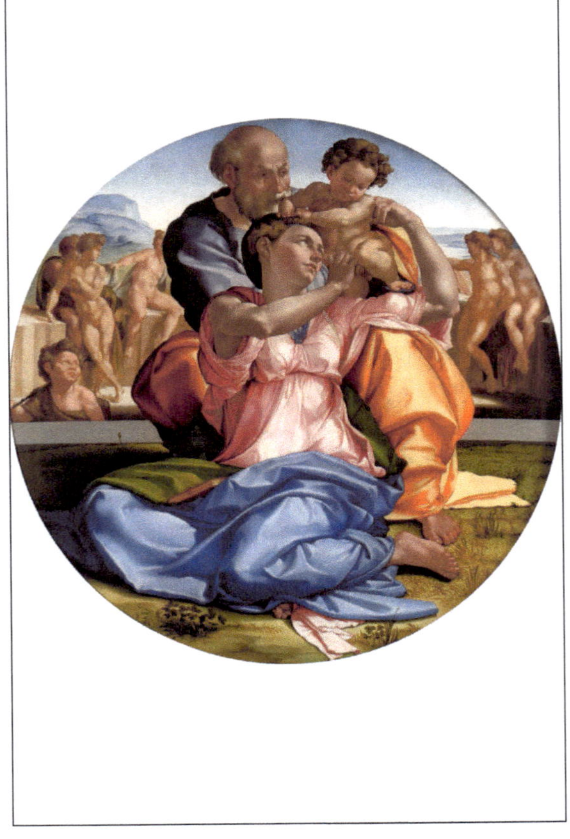

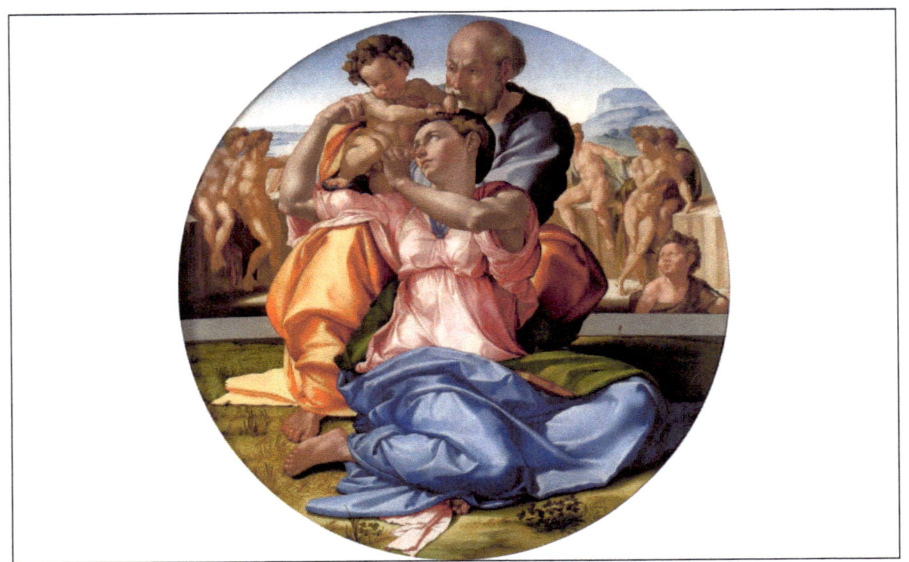

- *Überlege dir ein Thema und male es in zwei unterschiedlichen Formaten mit Pinseln und Tuschfarben auf einem Zeichenblockblatt.*
- *Beschreibe, inwieweit das Format die Bildinhalte beeinflusst.*

BILDER RICHTIG GESTALTEN
Band 1: Kompositions- & Gestaltungsgrundlagen – Bestell-Nr. 13 091
KOHL VERLAG

Bildzonen 1

ⓘ Bilder haben eine **Bildzone**. Ihre Aufgabe ist, Bildflächen in Bereiche aufzuteilen. Eine Grundstruktur ist damit festgelegt.

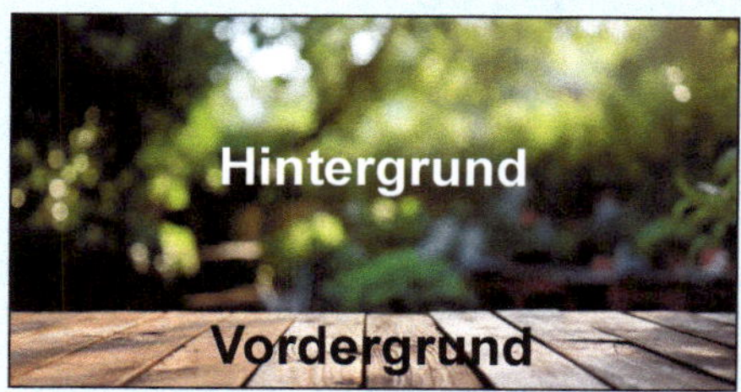

Am einfachsten ist die Darstellung in den **Vorder- und Hintergrund**. Der Vordergrund hebt sich klar ab.

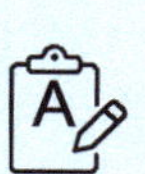

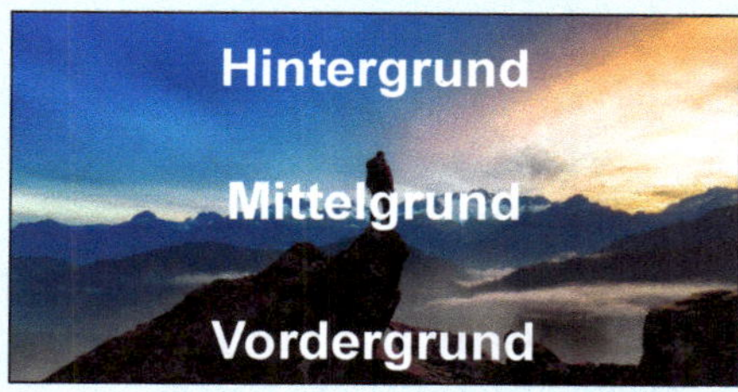

Eine gewohnte Darstellung ist die Aufteilung in einen **Vorder-, Mittel-** und **Hintergrund**. Die Zonen müssen nicht waagerecht angeordnet sein.

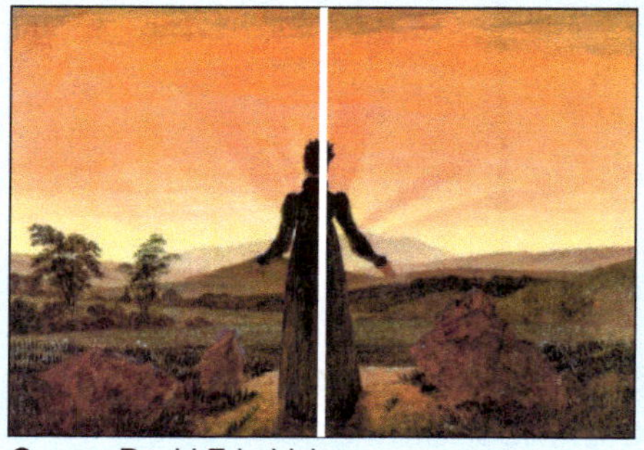

Caspar David Friedrich
Frau vor untergehenden Sonne um 1818

Die **Mittelsenkrechte** halbiert das Bild. Der Bildinhalt teilt sich flächengleich auf. Beide Bildhälften sind im Regelfall nicht streng symmetrisch, haben aber gleiche Merkmale. Eine harmonische und ausgewogene Bildwirkung kann dabei entstehen.

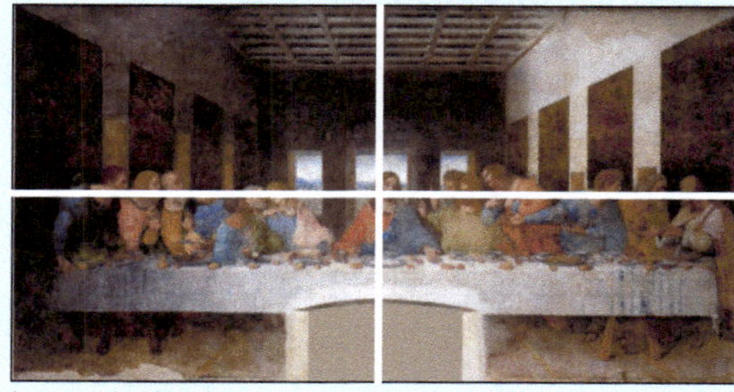

Leonardo da Vinci
Das Abendmahl um 1495-1497

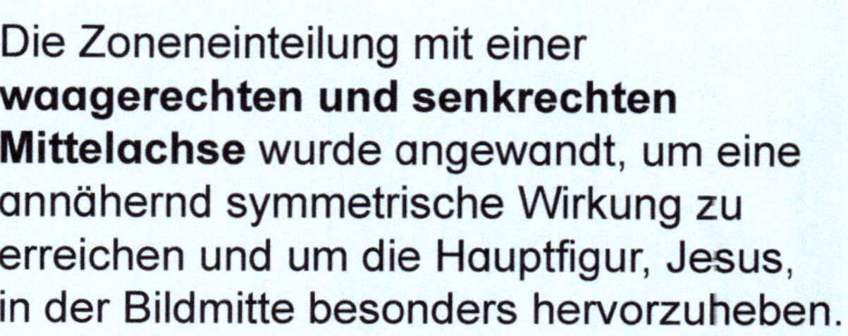

Die Zoneneinteilung mit einer **waagerechten und senkrechten Mittelachse** wurde angewandt, um eine annähernd symmetrische Wirkung zu erreichen und um die Hauptfigur, Jesus, in der Bildmitte besonders hervorzuheben.

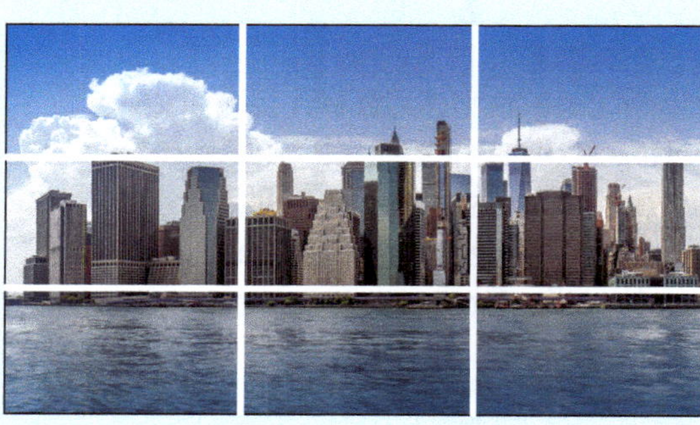

Bei der **Drittelregel** wird in drei gleichgroße Teile waagerecht oder senkrecht mit gleichen oder ungleichen Abständen unterteilt. Eine waagerechte Unterteilung hilft, den Vorder-, Mittel- und Hintergrund darzustellen. Eine Unterteilung in neun Felder ist auch möglich.

BILDER *RICHTIG* GESTALTEN
Band 1: Kompositions- & Gestaltungsgrundlagen – Bestell-Nr. 13 091
KOHL VERLAG

Bildzonen 2

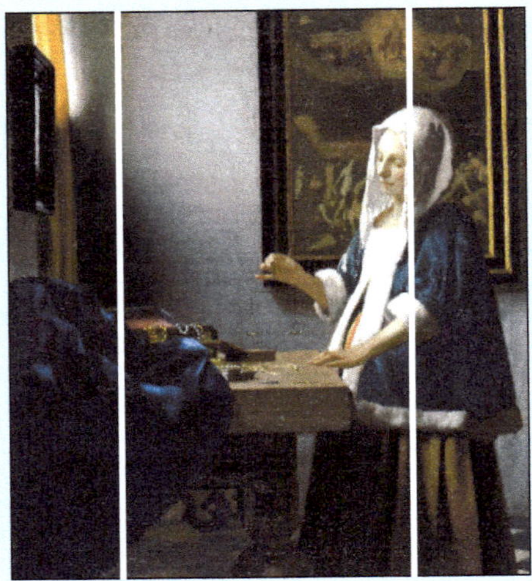
Jan Vermeer
Die Perlenwägerin um 1665

Bei der **Parallelregel** ändert sich der Bildschwerpunkt. Hier liegt er nicht in der Mitte, sondern außen links und und rechts, um ein Gleichgewicht zu erzeugen. Die Figur ist durch ihre Größe und den Hell-dunkel-Kontrast besonders betont.

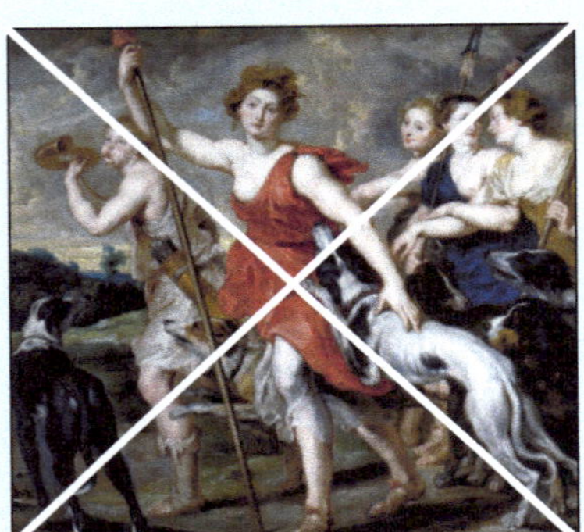
Peter Paul Rubens
Diana 1617-1620

Das **Diagonalschema** ist eine Orientierungshilfe, um wichtige Bildinhalte zu platzieren, zum Beispiel die Armhaltung der Diana. Im diagonalen Schnittpunkt ist Diana als Hauptfigur zu sehen.

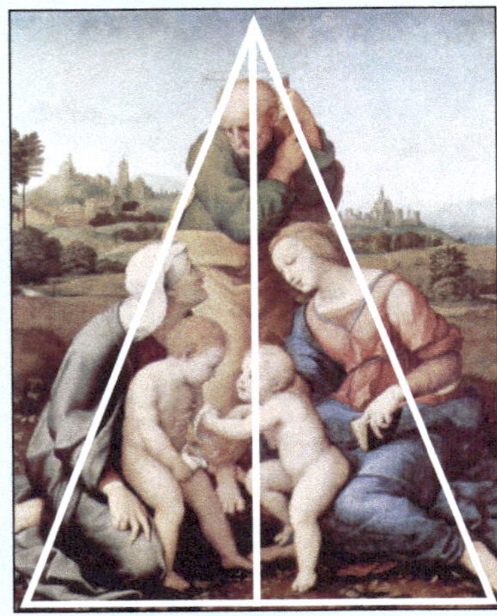
Raffael **Die Heilige Familie** 1507

Raffaels Gemälde ist mit Hilfe eines **Dreieckschemas**, gleichschenkliges Dreieck, aufgebaut. Eine Symmetrieachse teilt die Personenanordnungen auf.

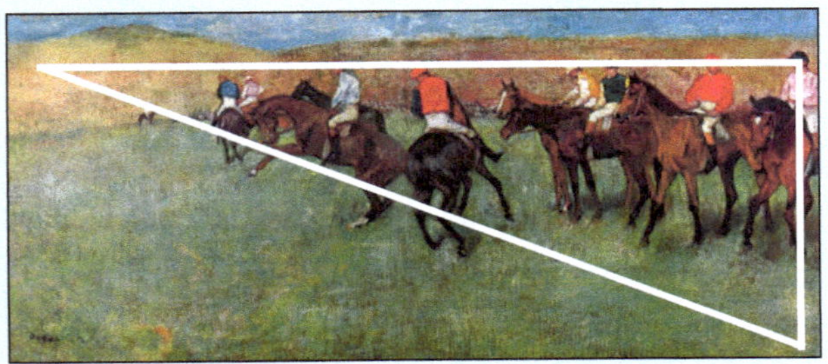
Edgar Degas
Pferderennen vor dem Start 1878-1880

Edgar Degas nutzte ein liegendes rechtwinkliges Dreieck für sein Bild. Die am Start stehenden Pferde konnte er so zusammenfassen und gleichzeitig Raum erzeugen.

BILDER *RICHTIG* GESTALTEN
Band 1: Kompositions- & Gestaltungsgrundlagen – Bestell-Nr. 13 091
KOHL VERLAG

Bildzonen 3

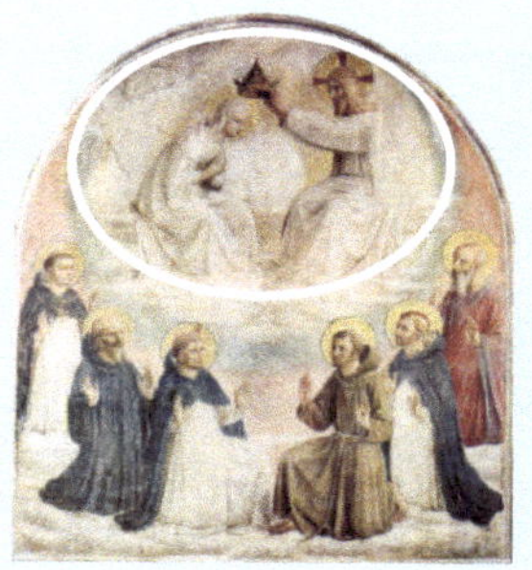

Fra Angelico
Marienkrönung um 1437-1446

Mit der Anordnung in einem Oval wird der Inhalt besonders betont. Weitere Inhalte erfahren häufig eine untergeordnete Bedeutung.

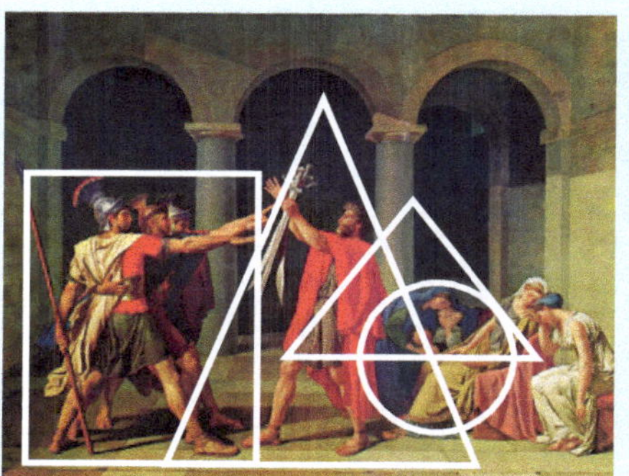

Jaques-Louis David
Schwur der Horatier 1784

Der Künstler wandte für die zentrale Person und drei abgegrenzten Personengruppen unterschiedliche Formen an, Viereck, Dreieck und Kreis.

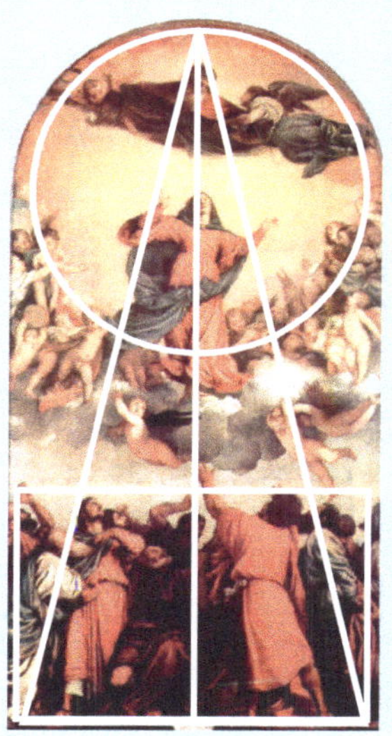

Tizian
Maria Himmelfahrt 1518

Tizian wählte für sein Bild die Zonen gleichschenkliges Dreieck, Viereck und Kreis, um einen dynamischen Bildaufbau zu erreichen. Durch die Zonen führt eine Symmetrieachse. Der obere Bildinhalt, Maria, wird durch den Kreis hervorgehoben, der seine Begrenzung durch die Positionierung der Engel erfährt und der untere durch ein Viereck mit zwei rot gekleideten Aposteln und weiteren Menschen.

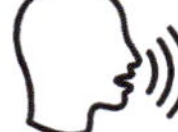

- *Definiere den Begriff **Bildzone**.*
- *Beschreibe die Drittelregel.*
- *Wie heißt das Schema, das Jan Vermeer für sein bekanntes Werk **Die Perlenwägerin** wählte?*
- *Welche Figur setzte Peter Paul Rubens in den diagonalen Schnittpunkt seines Bildes **Diana**?*
- *Schaue dir Tizians Bild **Maria Himmelfahrt** genau an und beschreibe den Inhalt und die Zonen.*

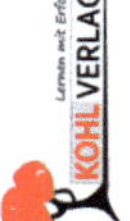

Vorder-, Mittel- und Hintergrund

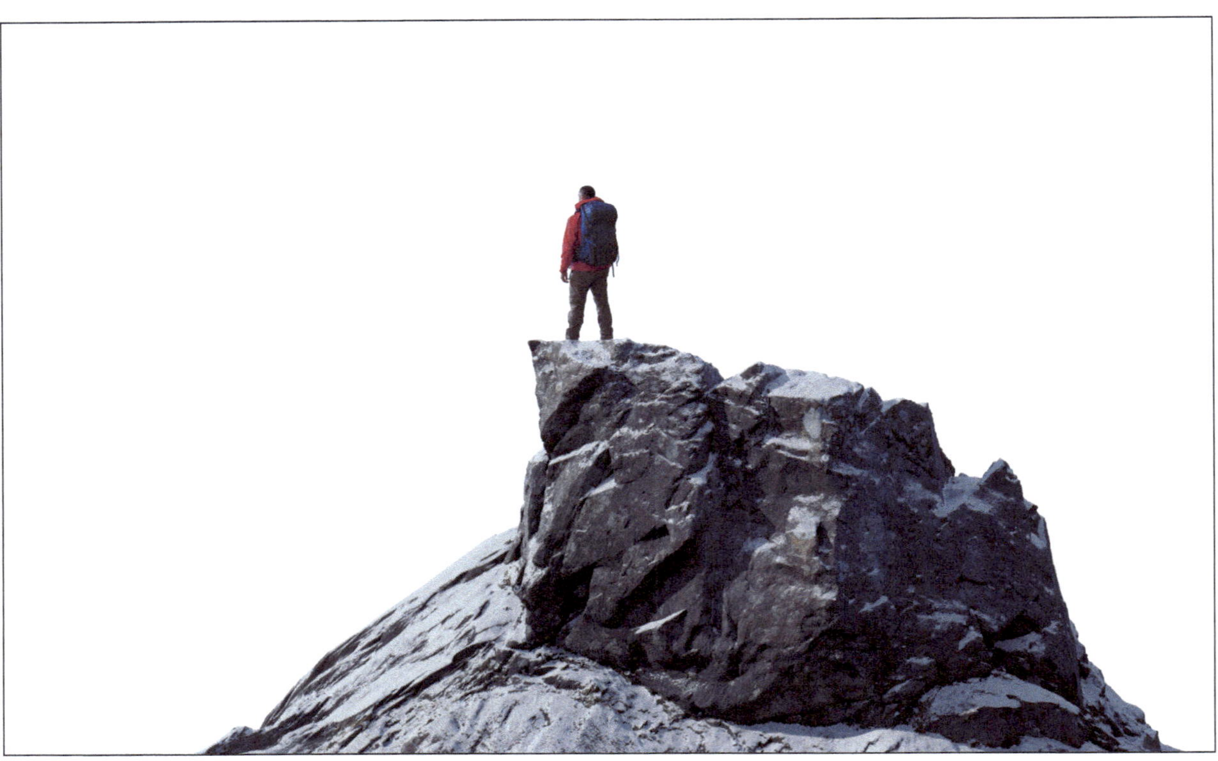

Zeichne einen Hintergrund. Male alles an.

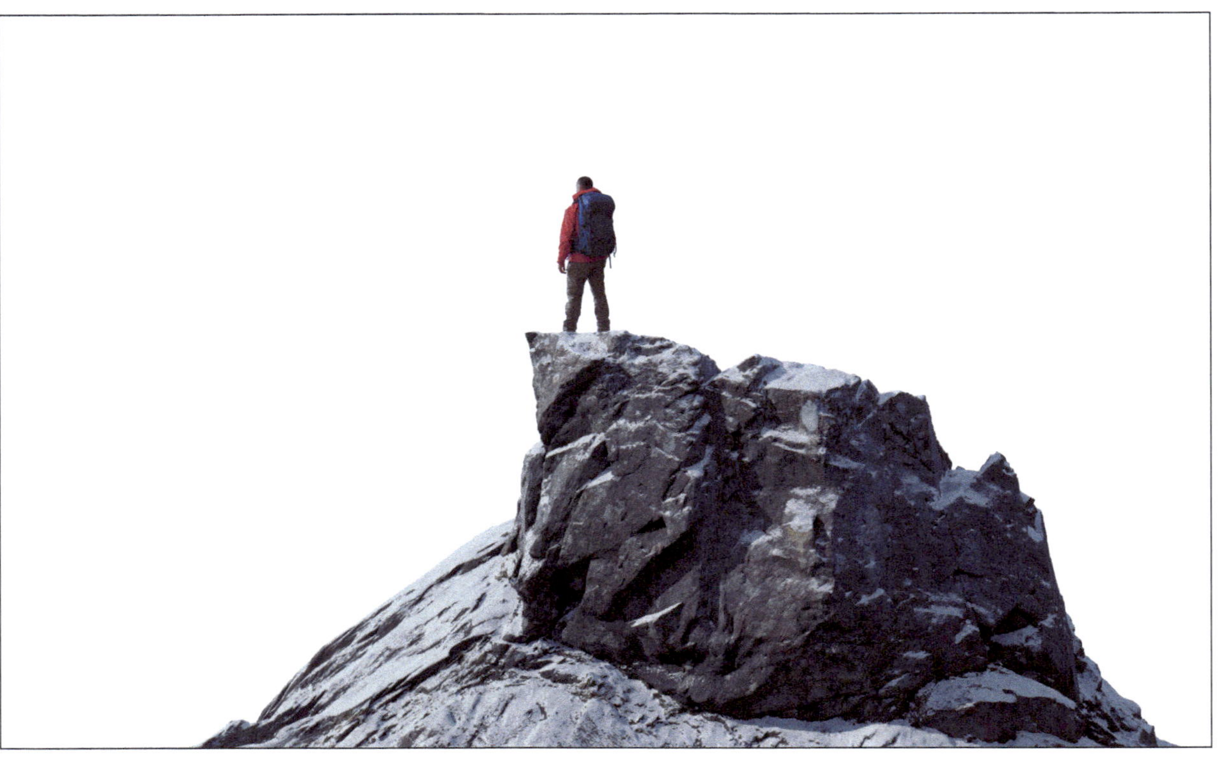

Zeichne einen Mittel- und Hintergrund. Male alles an.

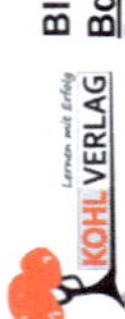

Mittelsenkrechte

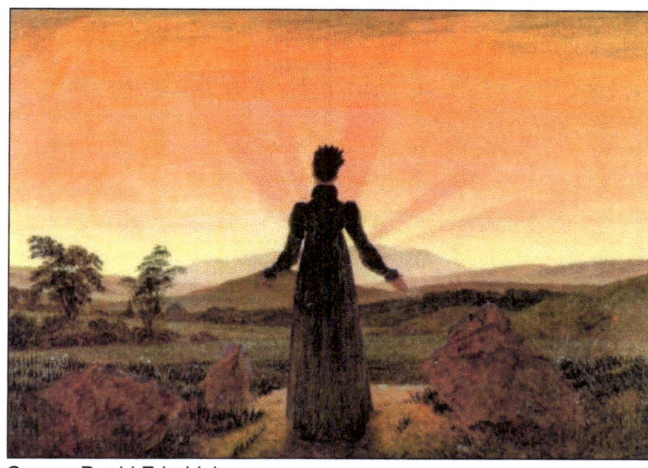

Caspar David Friedrich
Frau vor untergehender Sonne um 1818

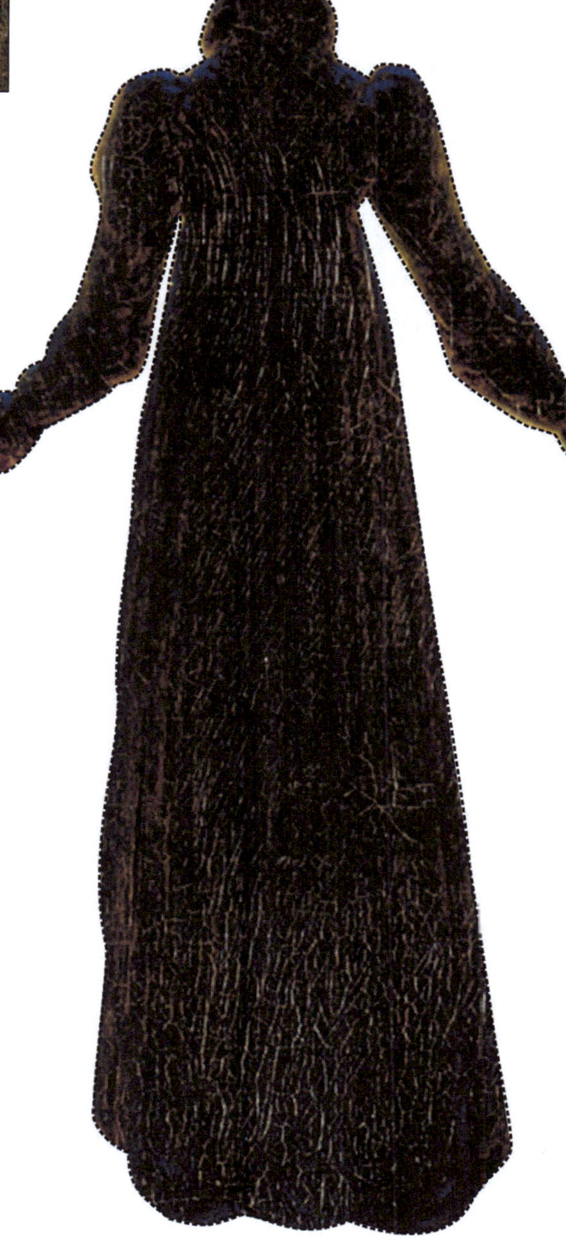

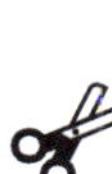

- *Schneide die aus Caspar David Friedrichs Gemälde stammende Figur aus.*

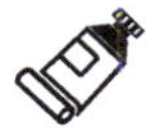

- *Klebe sie unten in die Mitte eines Zeichenblockblattes der Größe DIN A3 so, dass die Fläche in gleiche Hälften unterteilt wirkt.*

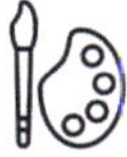

- *Male eine Landschaft, auf die sie blickt und die links und rechts von ihr nahezu gleich aussieht.*

BILDER *RICHTIG* GESTALTEN
Band 1: Kompositions- & Gestaltungsgrundlagen – Bestell-Nr. 13 091
KOHL VERLAG

Drittelregel

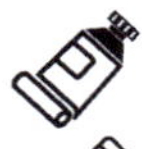 • *Klebe ein Blatt Papier an.*

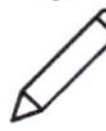 • *Zeichne die waagerechten und senkrechten Linien nach der Drittelregel dazu und erweitere das Bild mit deinen Farbstiften.*

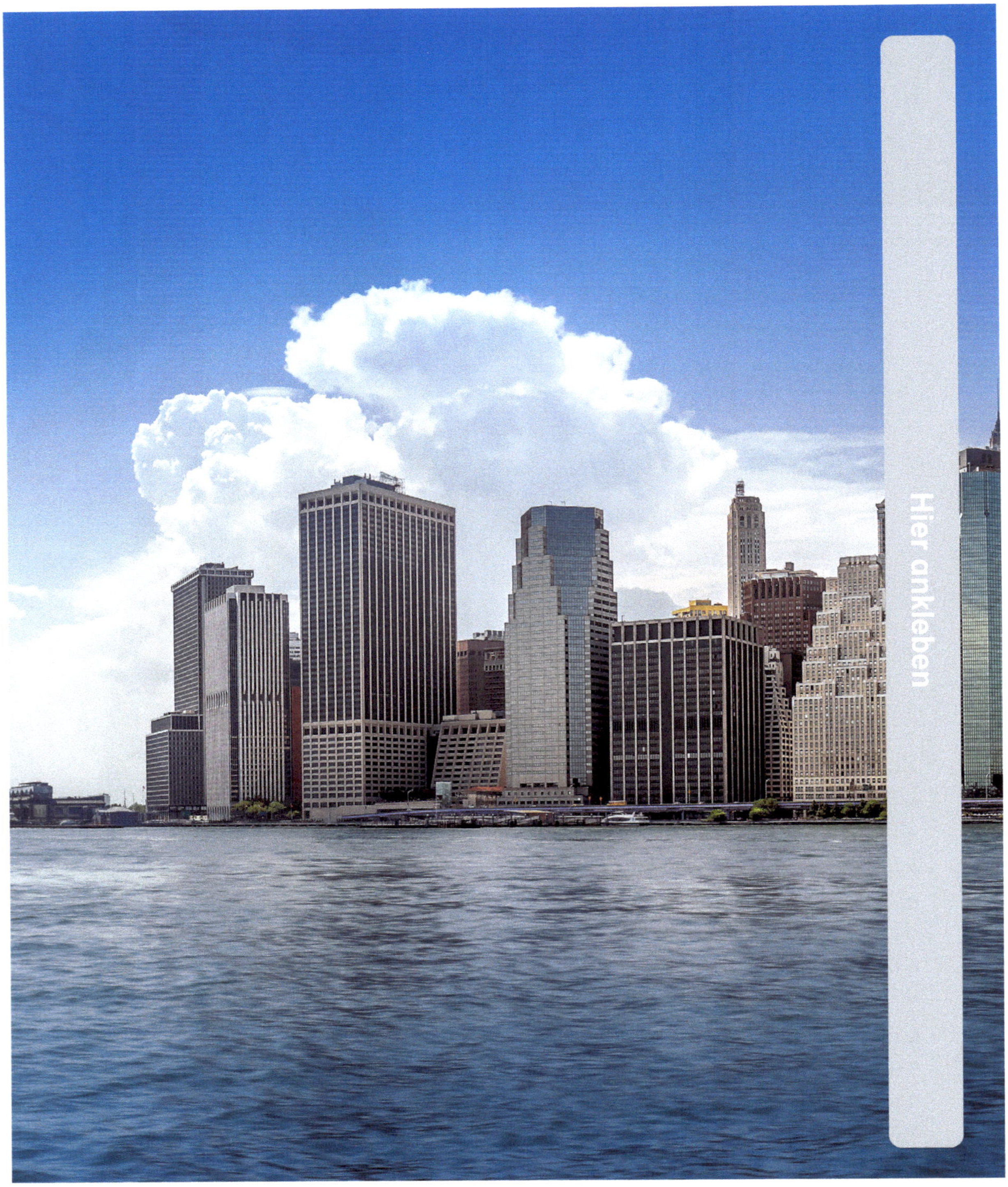

Hier ankleben

BILDER *RICHTIG* GESTALTEN
Band 1: Kompositions- & Gestaltungsgrundlagen – Bestell-Nr. 13 091

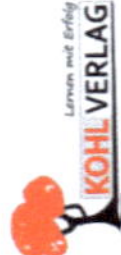

Parallelregel

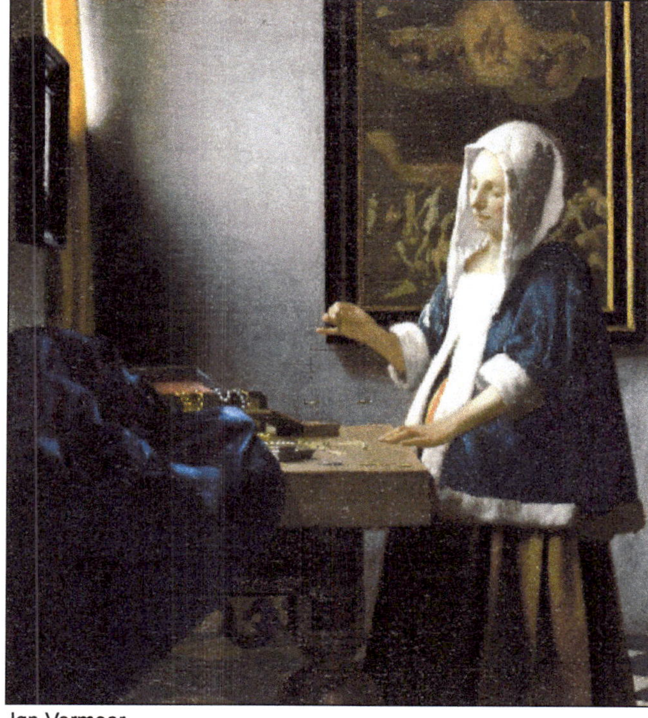

Jan Vermeer
Die Perlenwägerin um 1665

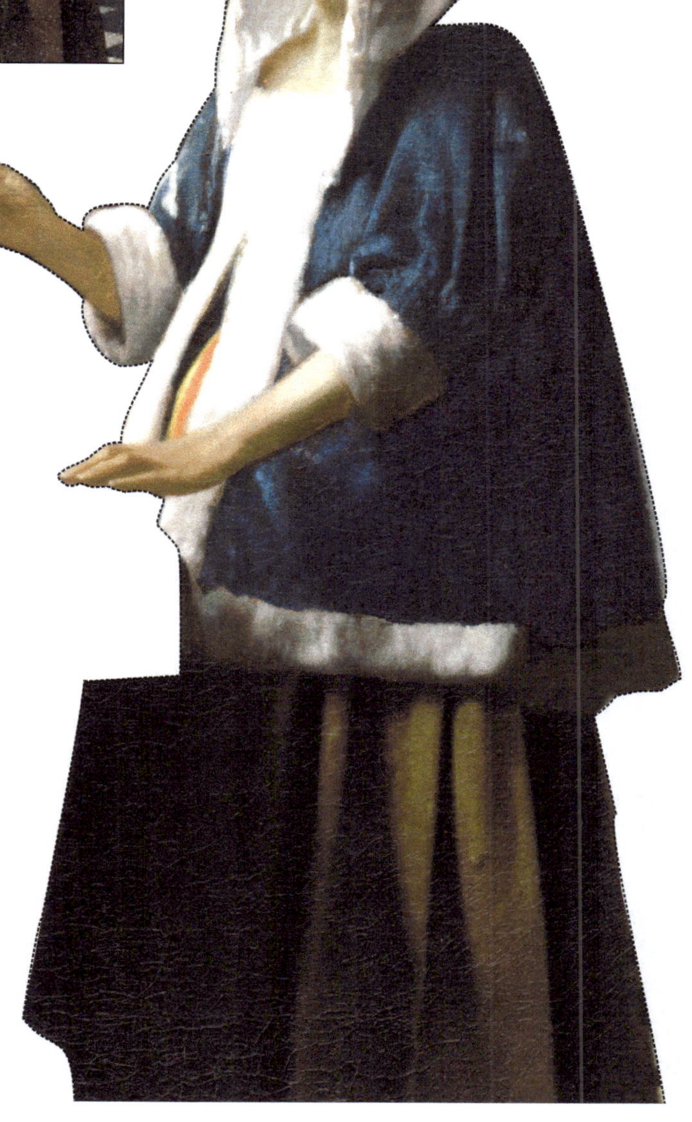

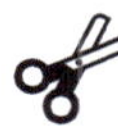

- *Schneide die Frau am Tisch aus.*

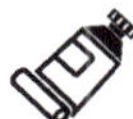

- *Klebe sie als Bildschwerpunkt rechts an den unteren Rand eines querformatigen Zeichenblockblattes der Größe DIN A3.*

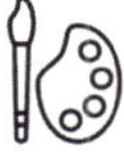

- *Male den Tisch, an dem sie steht. Ergänze einen eingerichteten Innenraum mit einem weiteren Schwerpunkt links, damit ein optisches Gleichgewicht entsteht. Benutze Pinsel und Tuschfarben.*

BILDER *RICHTIG* GESTALTEN
Band 1: Kompositions- & Gestaltungsgrundlagen – Bestell-Nr. 13 091
KOHL VERLAG

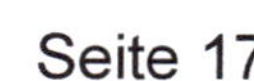

Diagonalschema

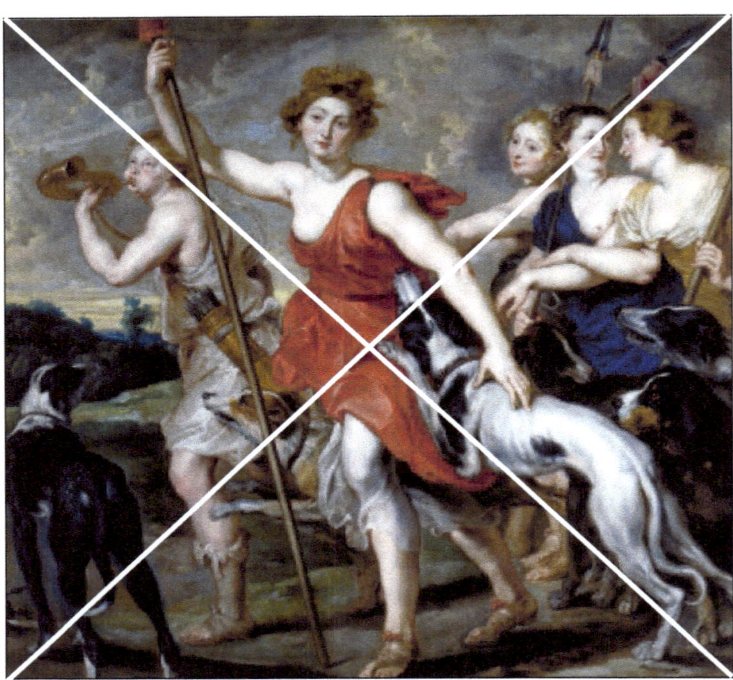

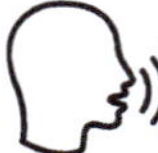

- *Beschreibe das Bild* ***Diana*** *(1617-1620) von Peter Paul Rubens.*
- *Erkläre, wie die Zonen erzeugt wurden und warum das Schema gewählt wurde.*

- *Zeichne das Bild in der freien Zone weiter und male sie an.*

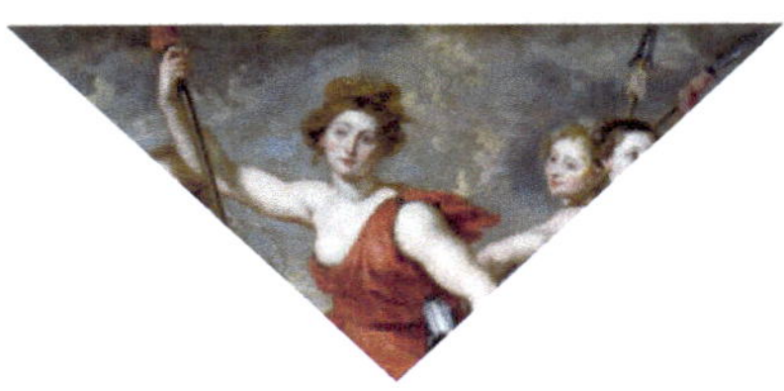

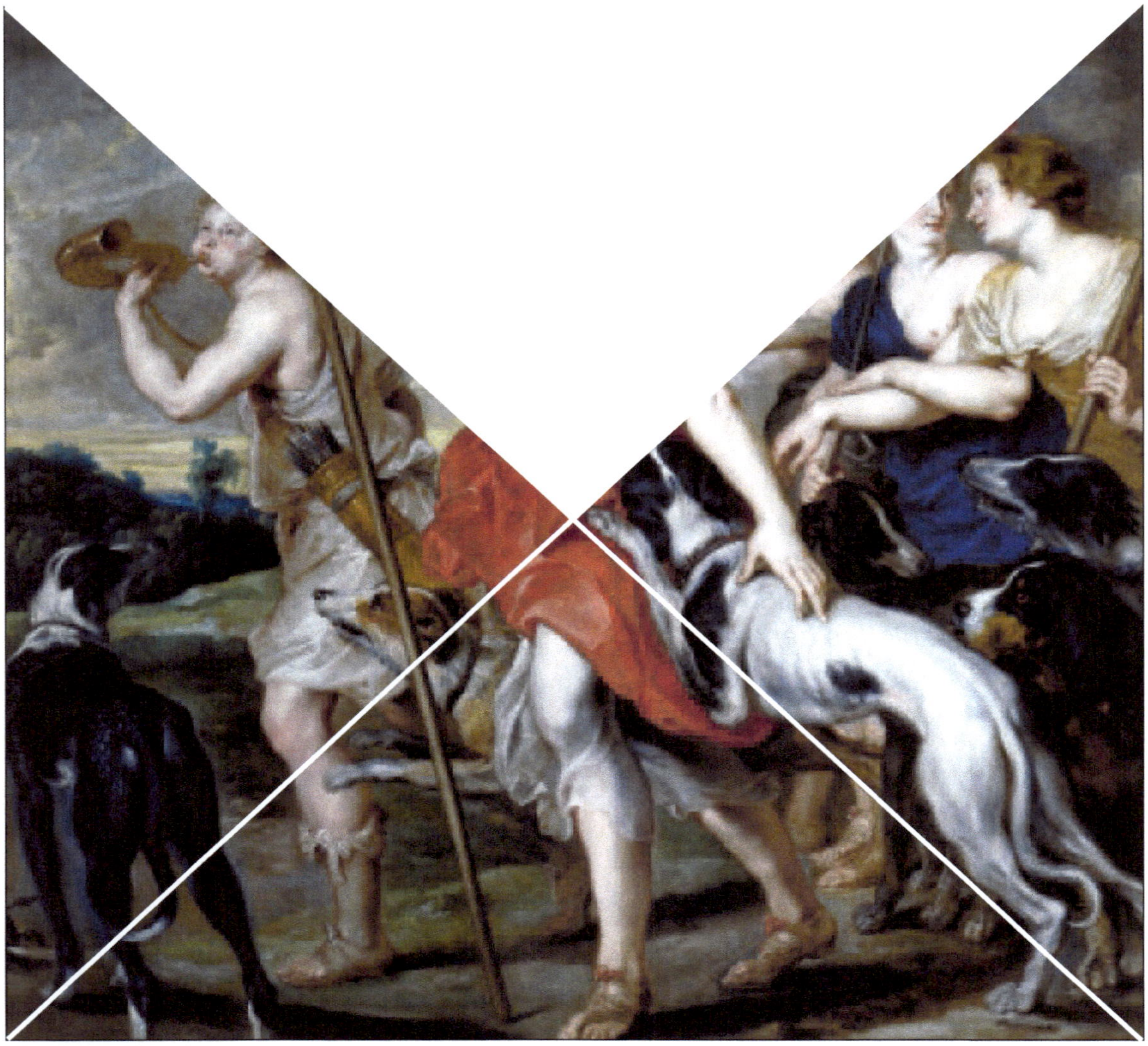

BILDER *RICHTIG* GESTALTEN
Band 1: Kompositions- & Gestaltungsgrundlagen – Bestell-Nr. 13 091

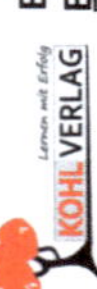

Dreiecksschema

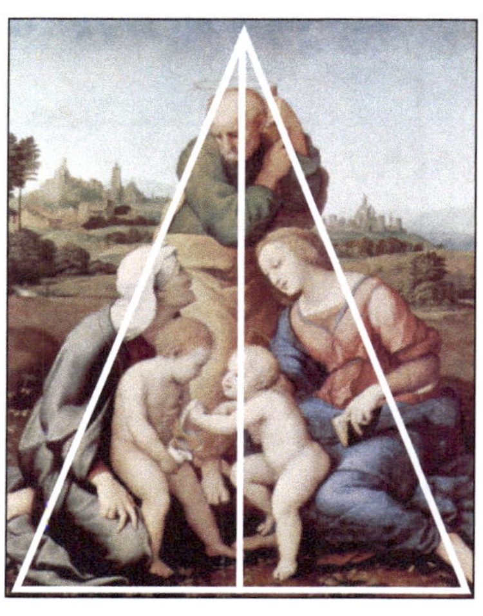

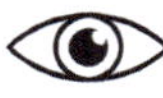

• *Schaue dir Raffaels Bild* ***Die Heilige Familie*** *(1507) an.*

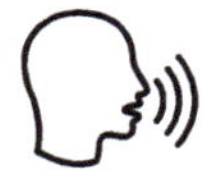

• *Beschreibe die Personen und ihre Positionen in dem Schema.*

• *Zeichne wahlweise eine Person als Halbporträt oder eine Gruppe aus drei bis vier Personen in das Dreiecksschema. Male alles an.*

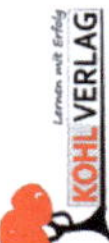

Unterschiedliche Formen

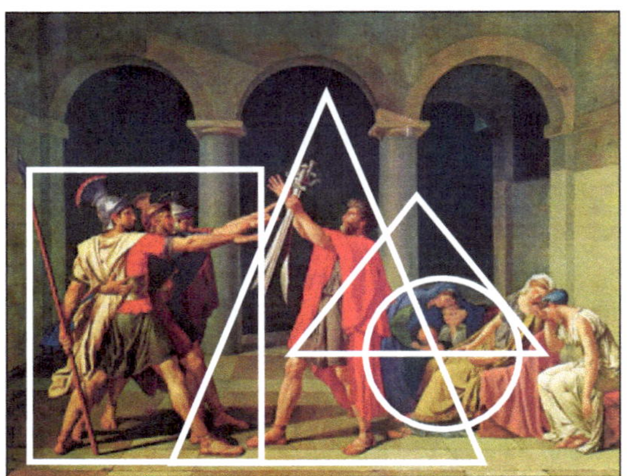

Jaques-Louis David
Schwur der Horatier 1784

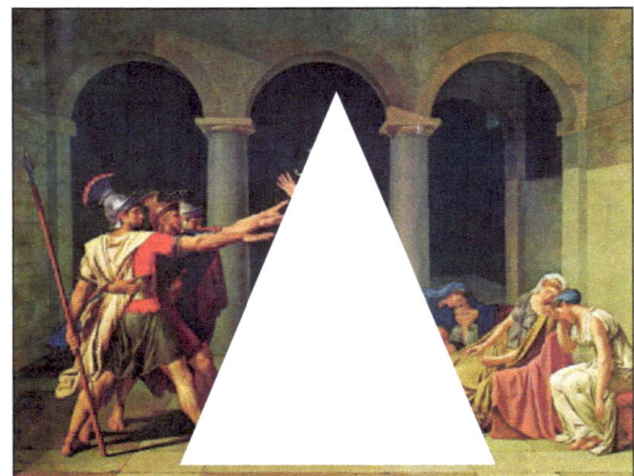

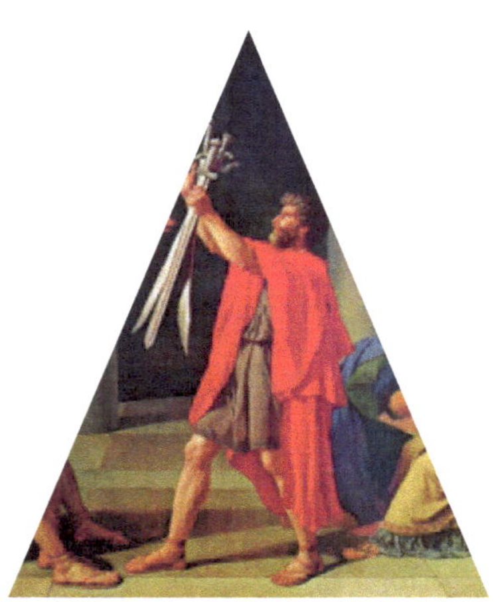

• *Zeichne die zentrale Figur in das Kompositionsdreieck und male sie an.*

• *Ahme mit deinen Mitschülern die Haltung mit verschiedenen Gegenständen in der Hand nach.*

• *Skizziert euch gegenseitig mit einem Bleistift.*

BILDER *RICHTIG* GESTALTEN
Band 1: Kompositions- & Gestaltungsgrundlagen – Bestell-Nr. 13 091

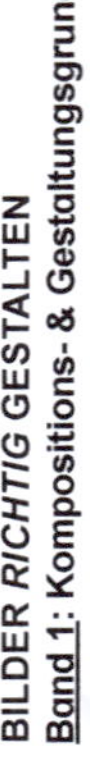

Goldener Schnitt 1

ⓘ Der Goldene Schnitt ist seit der Antike ein Hilfs- und Orientierungsmittel zur Unterteilung der Bildfläche mit Hilfe eines definierten Verhältnisses. Er kommt in der Natur vor, zum Beispiel bei vielen Blattformen. Er kann ohne Garantie dafür sorgen, dass die Herstellung eines Bild interessant und ausgewogen gelingt.

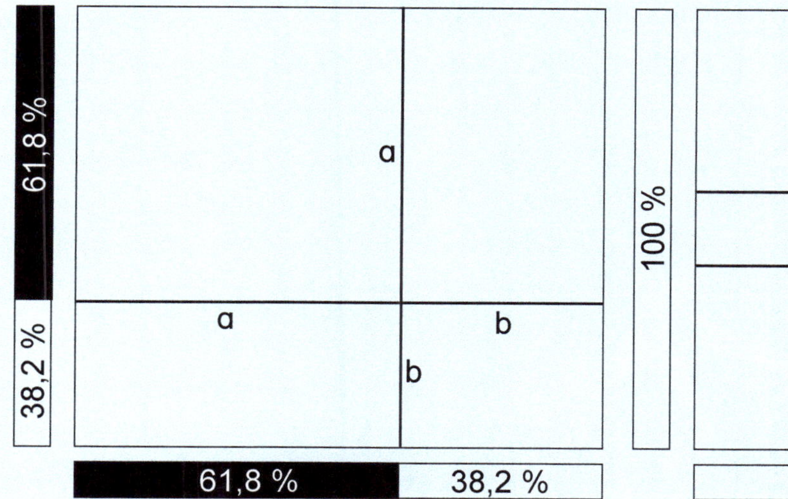

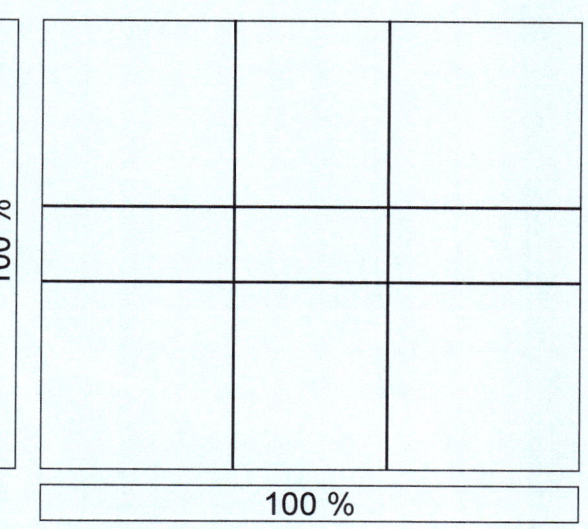

Seine Ermittlung kann über eine mathematische Formel berechnet werden:
Eine Strecke wird so geteilt, dass das Verhältnis der Strecke b zur längeren Strecke a der Gesamtstrecke aus a und b entspricht. Die Formel dazu lautet:

$$\frac{a+b}{a} = \frac{A}{B} \quad \text{oder} \quad \frac{a}{a+b} = \frac{b}{a}$$

Ausgehend von 100 % für die gesamte Strecke ergeben sich 61,8 % für die Teilstrecke a und 38,2 % für die Teilstrecke b.

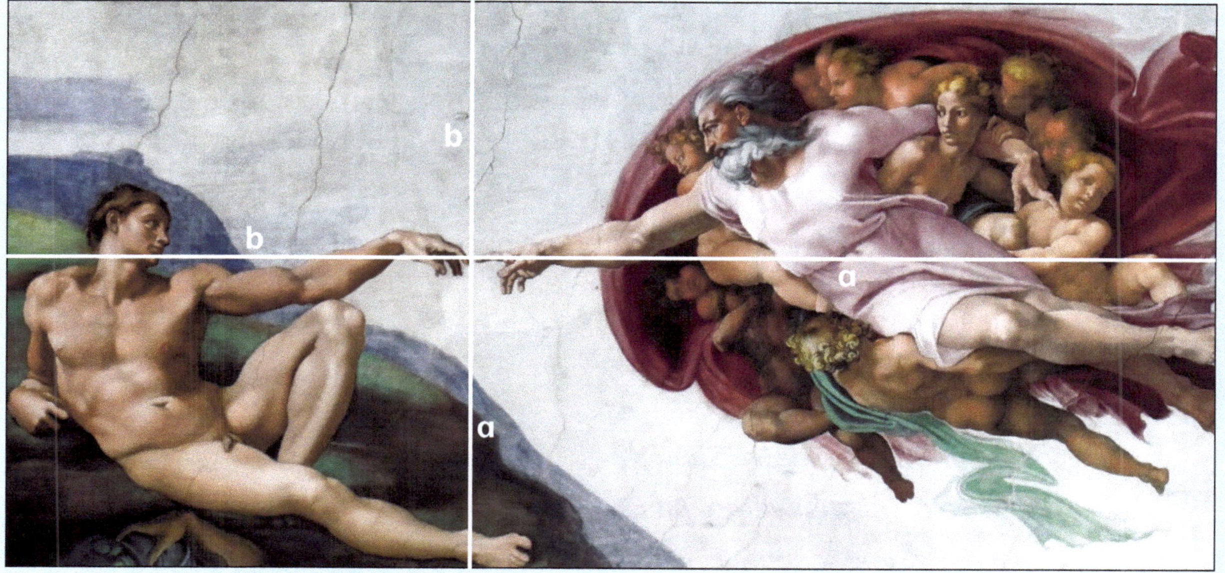

Michelangelo **Die Erschaffung Adams** 1511

Michelangelo zeigt in dem Gemälde **Die Erschaffung Adams** (1511) den Goldenen Schnitt. Gottes und Adams Finger berühren sich im Schnittpunkt der Linien.

BILDER *RICHTIG* GESTALTEN
Band 1: Kompositions- & Gestaltungsgrundlagen – Bestell-Nr. 13 091
KOHL VERLAG

Goldener Schnitt 2

Der Goldene Schnitt wurde von **Leonardo Fibonacci**, ein italienischer Mathematiker, in seinem Buch **Liber abaci** veröffentlicht. Es war zum ersten Male eine Veröffentlichung nach der Antike.

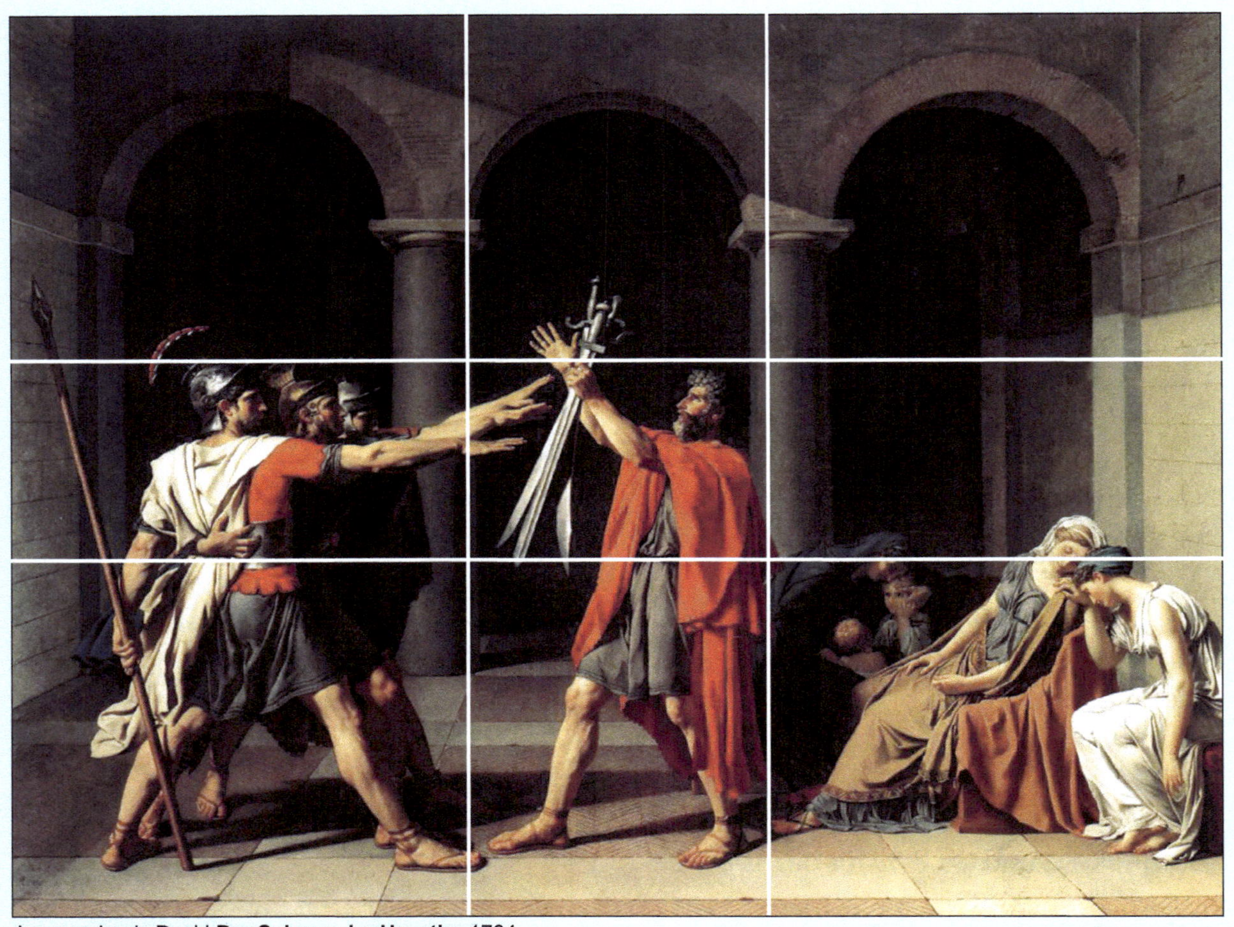

Jacques-Louis David **Der Schwur der Horatier** 1784

Viel Anwendung fand er in der Epoche der **Renaissance**, zum Beispiel in Jacques Louis Davids Gemälde Der **Schwur der Horatier** (1784). Die absolute Proportion war das Ziel.

Allerdings wurden die Maße nicht immer streng eingehalten, sondern als Orientierung angesehen. Es gab Verschiebungen. Beispiele sind **Maria Himmelfahrt** (1516-1518) von Tizian und **Das Abendmahl** (1495-1497) von Leonardo da Vinci.

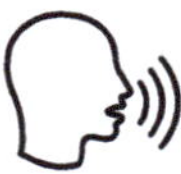

- *Wozu dient der Goldene Schnitt?*
- *Erkläre sein Teilungsverhältnis.*
- *In welcher Kunstepoche fand er besonders viel Anwendung? Nenne ein Bildbeispiel.*
- *Beschreibe seine Anwendung in Michelangelos berühmten Gemälde **Die Erschaffung Adams**.*

BILDER *RICHTIG* GESTALTEN
Band 1: Kompositions- & Gestaltungsgrundlagen – Bestell-Nr. 13 091

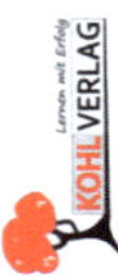

Schnittlinien

• *Trage die Linien des* ***Goldenen Schnitts*** *ein.*

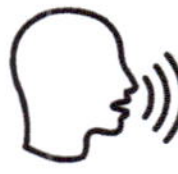

• *Beschreibe ihre Lage und die entstandene Bildunterteilung. Betrachte weitere Kunstwerke und Fotos und stelle fest, ob sie sich an den* ***Goldenen Schnitt*** *orientieren.*

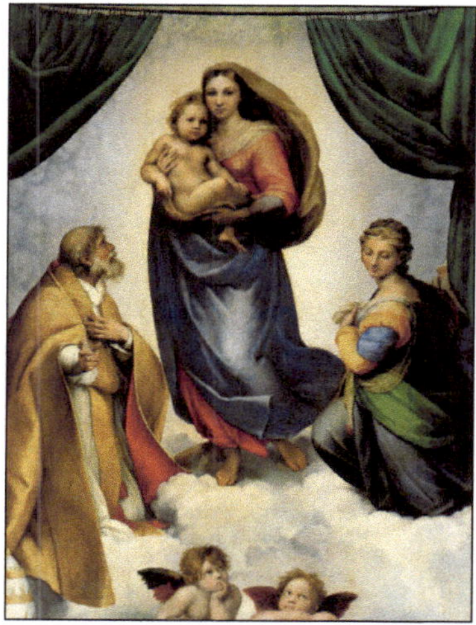

Raffael **Sixtinische Madonna** 1512-1513

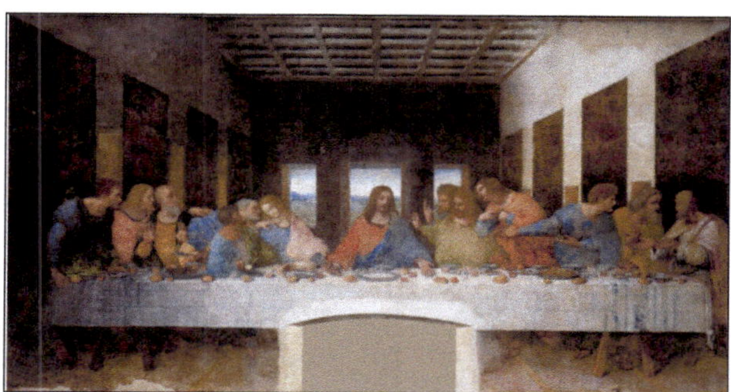

Leonardo da Vinci **Das Abendmahl** um 1495-1497

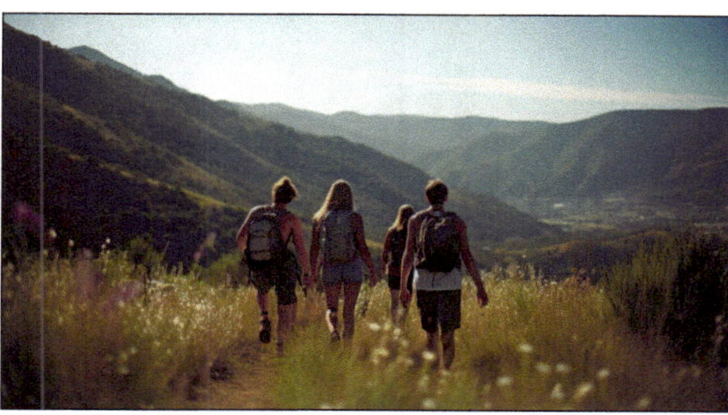

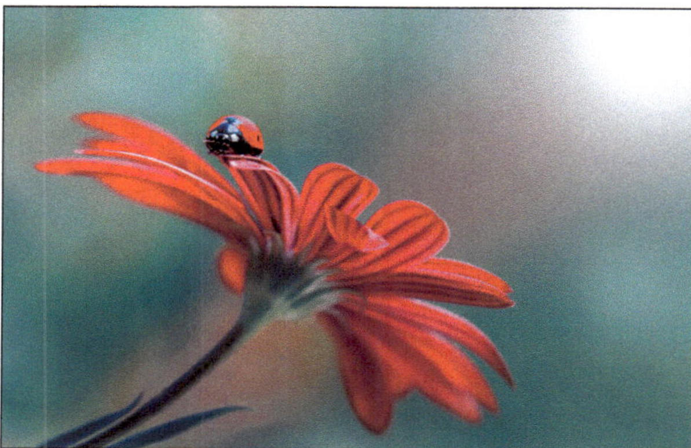

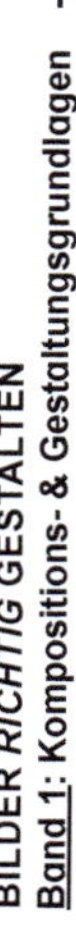

Kompositionslinien 1

Kompositionslinien, die im Zusammenhang mit Kompositionsformen und Zonen im Bild gesehen werden müssen, sind sichtbar oder imaginär. Sie können durch Blickpunkte, die das Betrachterauge führen, angedeutet sein und helfen die Bildschwerpunkte zu erkennen. Diese Linien können unterschiedlich sein, waagerecht, senkrecht oder diagonal, kurz oder lang, gerade, gezackt oder gebogen oder einmalig oder wiederholend.

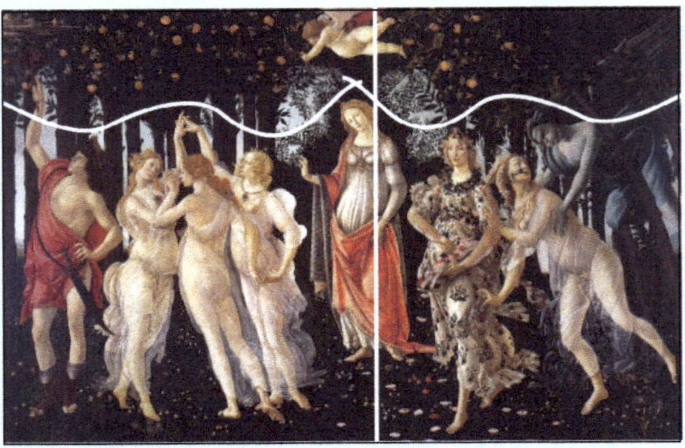

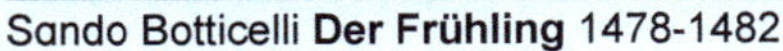

Sando Botticelli **Der Frühling** 1478-1482

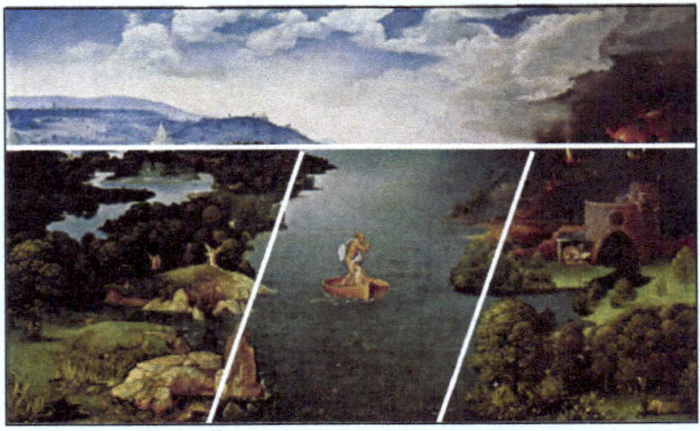

Joachim Patinir **Überfahrt in die Unterwelt** 1515-1524

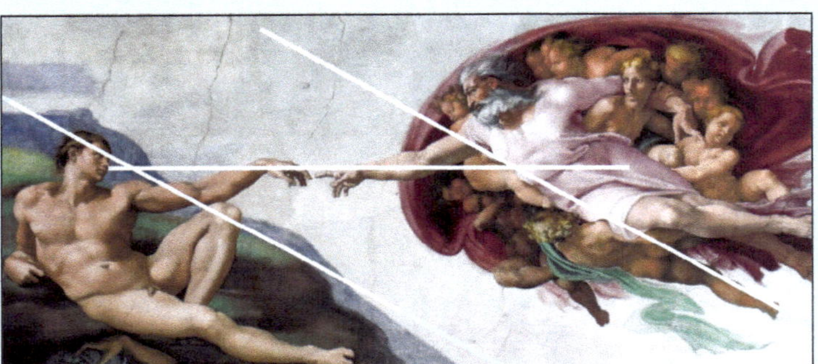

Michelangelo **Die Erschaffung Adams** 1511

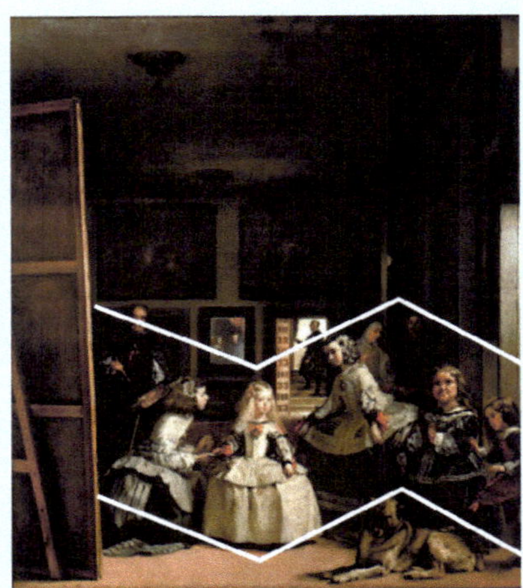

Diego Velázquez **Las Meninas** 1656

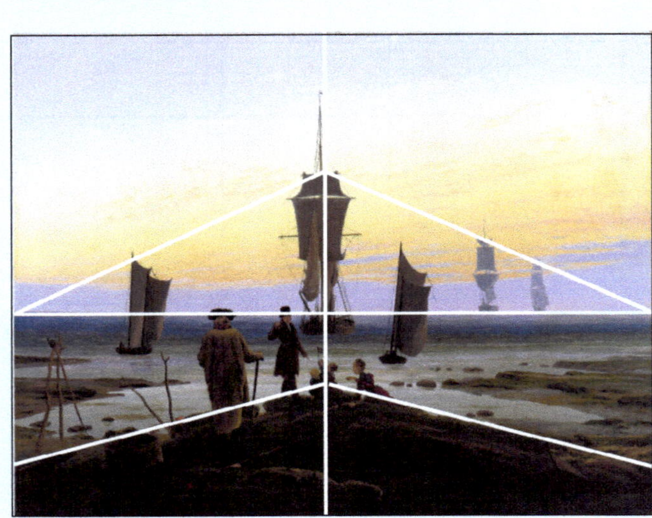

Caspar David Friedrich **Die Lebensstufen** um 1834

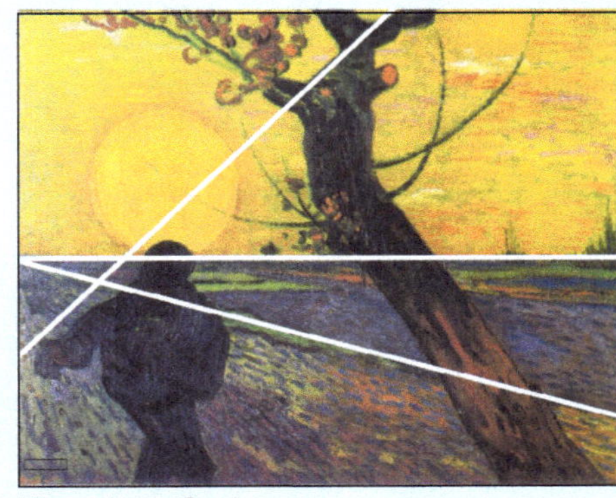

Vincent van Gogh
Der Sämann bei untergehender Sonne 1888

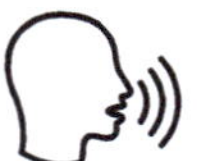

- *Sind Kompositionslinien immer sichtbar?*
- *Beschreibe ihre Eigenschaft.*

BILDER *RICHTIG* GESTALTEN
Band 1: Kompositions- & Gestaltungsgrundlagen – Bestell-Nr. 13 091
KOHL VERLAG

Kompositionslinien 2

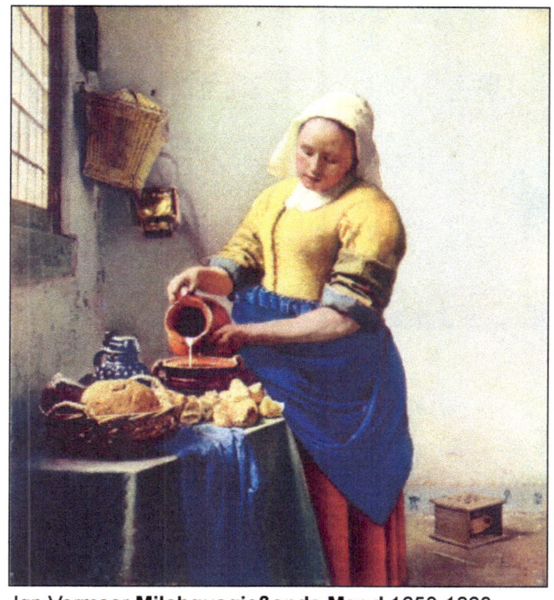

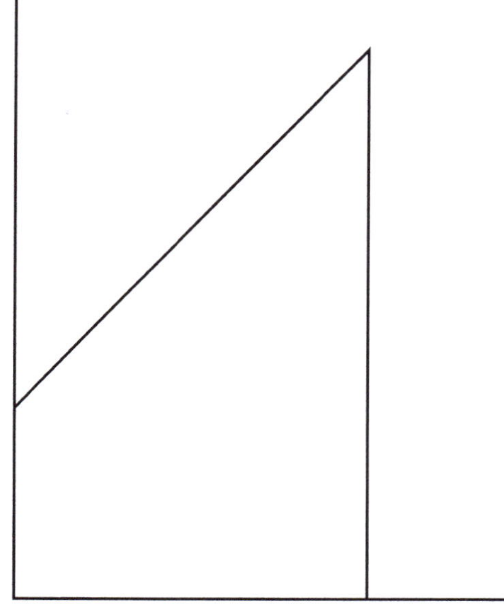

Jan Vermeer **Milchausgießende Magd** 1658-1660

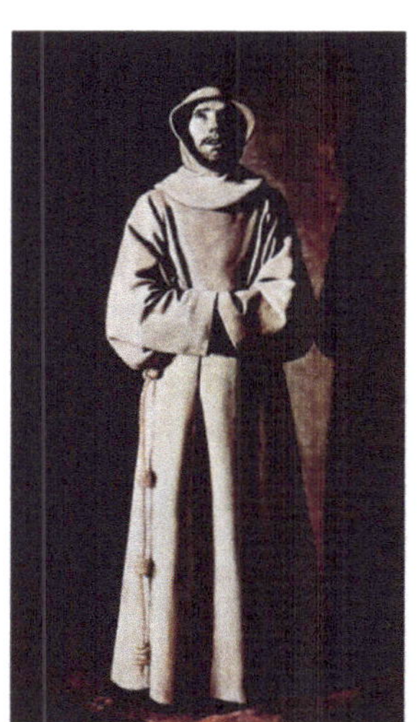

Francisco de Zurbarán
Heiliger Franziskusum 1645

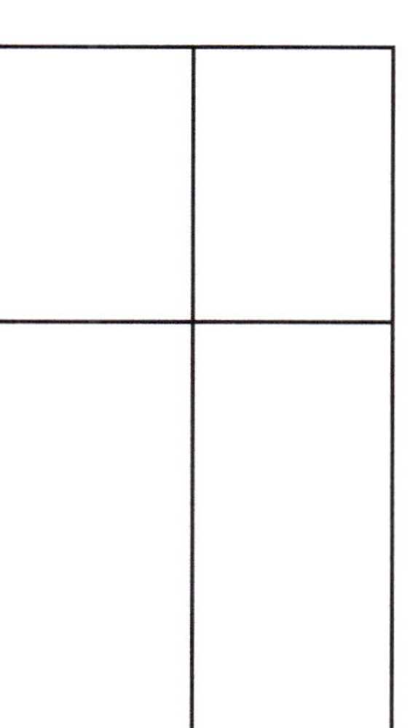

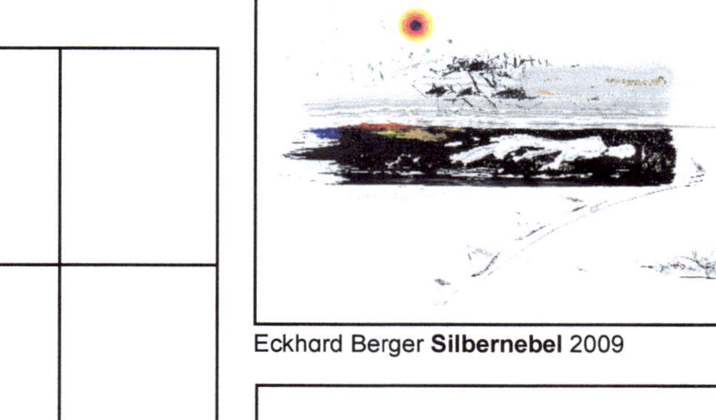

Eckhard Berger **Silbernebel** 2009

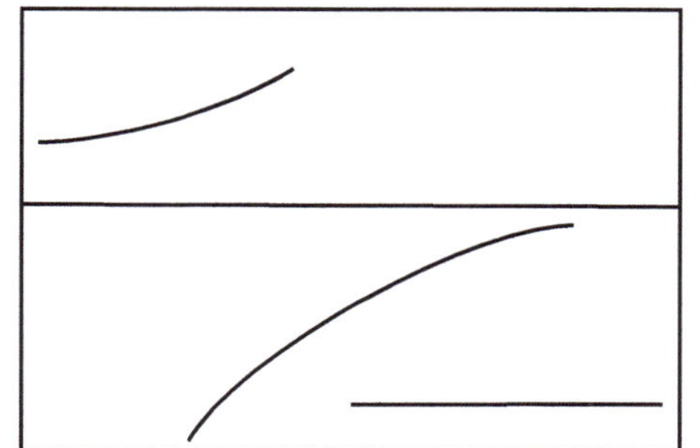

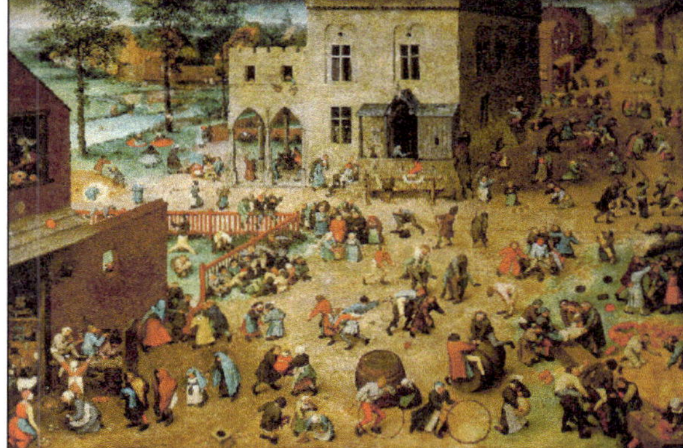

Pieter Bruegel d. Ä. **Die Kinderspiele** 1560

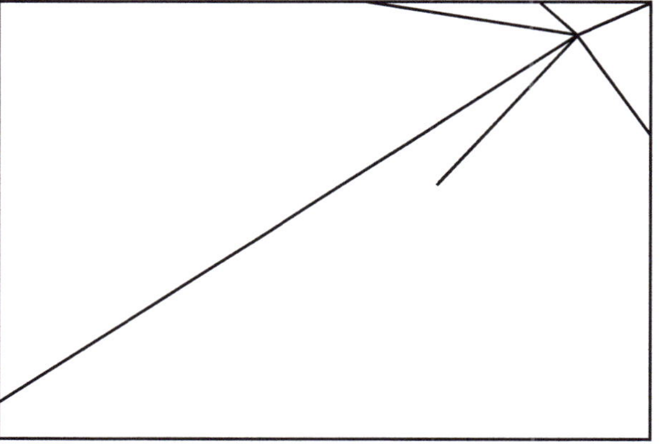

 *Zeichne die vorgegebenen Kompositionslinien in die Kunstwerke ein.*

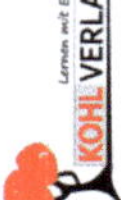

Kompositionslinien 3

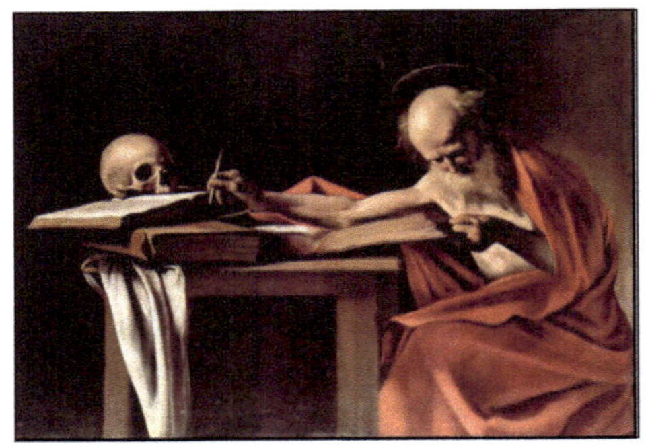
Michelangelo Caravaggio
Heiliger Hoeronymus beim Schreiben
1605-1606

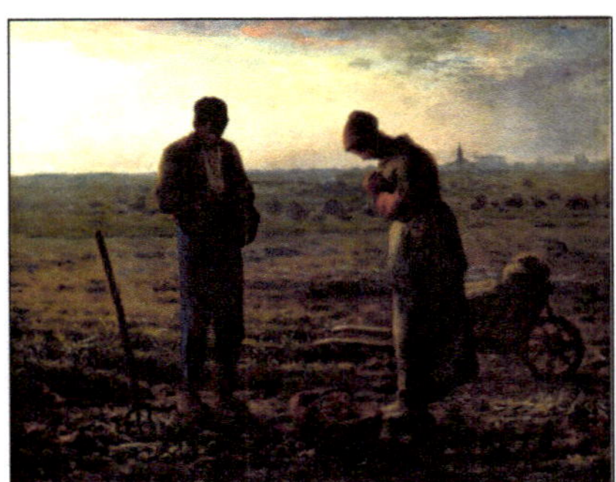
Jean-François Millet
Abendgebet 1857-1859

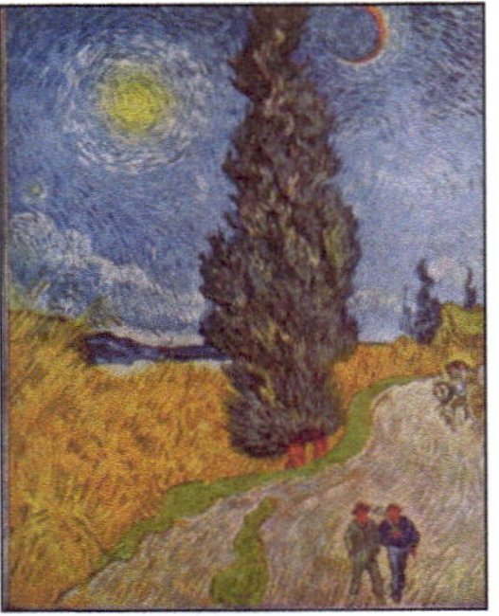
Vincent van Gogh
Landstraße mit Zypressen
1890

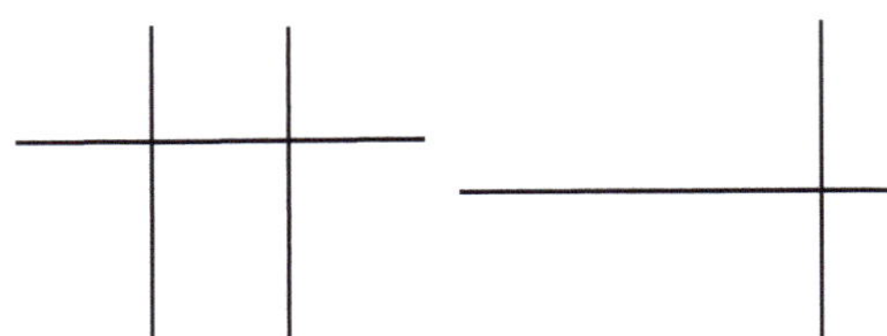

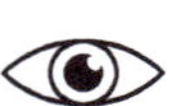 • *Wähle die richtigen Kompositionslinien.*

 • *Zeichne sie ein.*

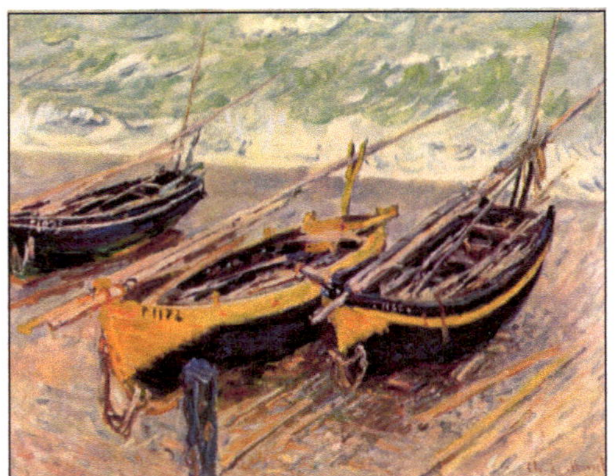
Claude Monet **Barken von Étretat** 1885

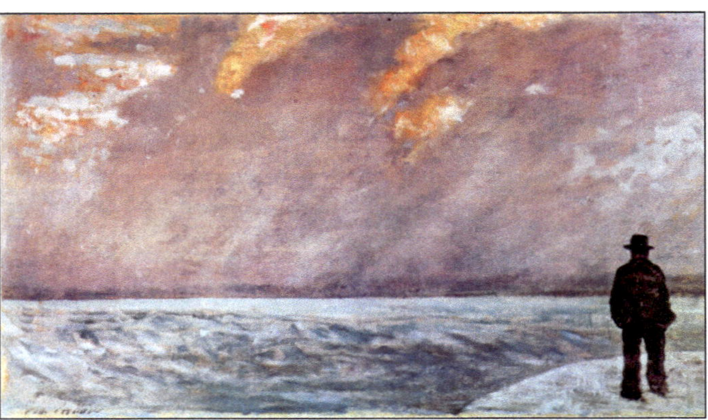
Giovanni Fattori **Sonnenuntergang am Meer** 1890-1895

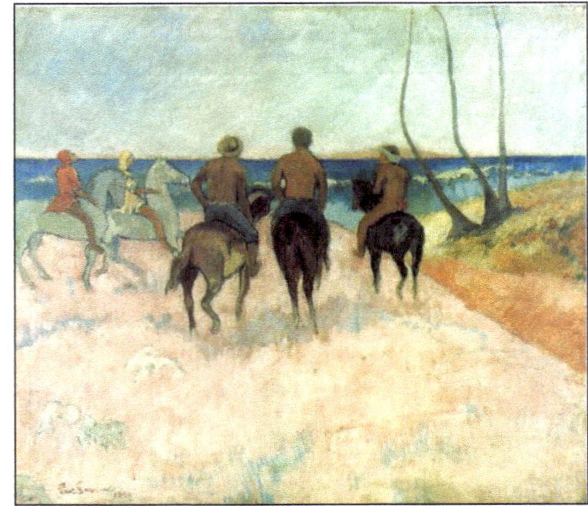
Paul Gauguin **Reiter am Strand** 1902

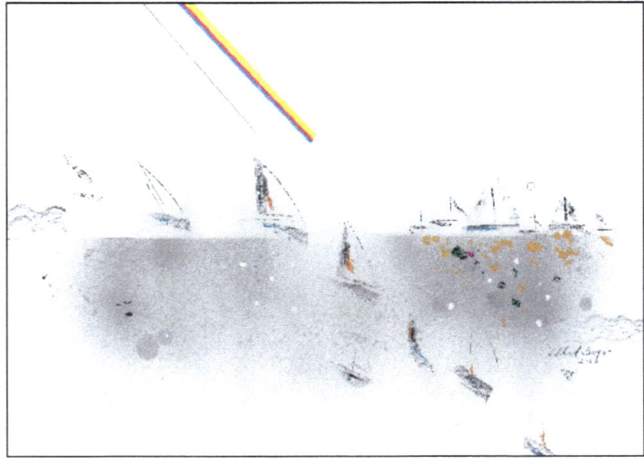
Eckhard Berger **Über und unter Wasser segeln** 2022

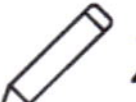 *Zeichne wichtige Kompositionslinien ein.*

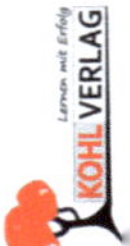

Kompositionslinien 4

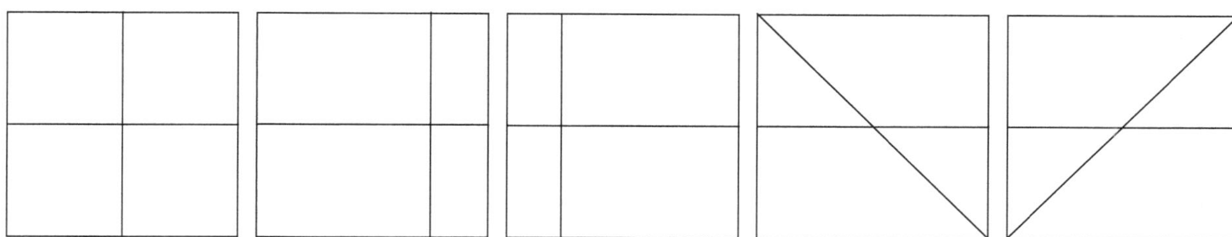

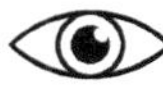

• *Wähle ein Schema aus Kompositionslinien aus.*

• *Trage die Linien mit Bleistift in das Format und zeichne danach ein Bild zu dem Thema **Mensch und Landschaft**. Male es an.*

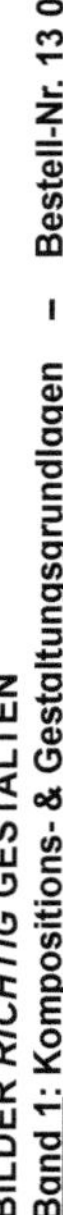

Ordnungsprinzipien 1

ⓘ **Ordnungsprinzipien**, die auch als Gestaltungsprinzipien, Formordnungen, Grundordnungen, Kompositionsprinzipien oder Strukturformungen bezeichnet werden, beschreiben eine Anordnung von Elementen. Sie können typisch für einen Künstler, eine Künstlergruppe, Kunstrichtung oder Epoche sein. Einem Bild kann ein, zwei oder mehrere Ordnungsprinzipien zu Grunde liegen. Die wesentlichen Ordnungsprinzipien sind:

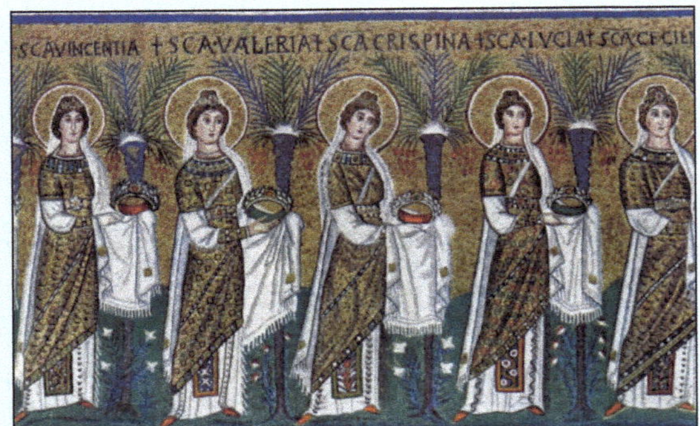

Meister von san Apollinaire Nuovo in Ravenna
Der Zug der heiligen Märtyrerinnen vor 1526

Reihung: Gleiche oder ähnliche Elemente sind mit einem gleichen oder annähernd gleichem Abstand angeordnet.

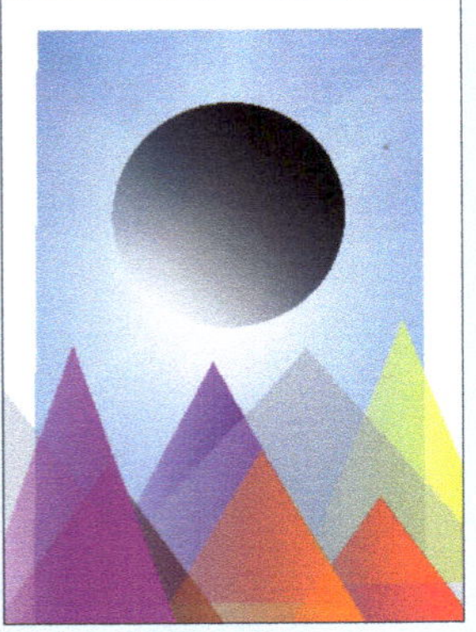
Eckhard Berger
Schwarze Sonne 2022

Rhythmus: Unterschiedliche oder ähnliche Inhalte wiederholen sich in rhythmisch gleicher oder veränderter Folge.

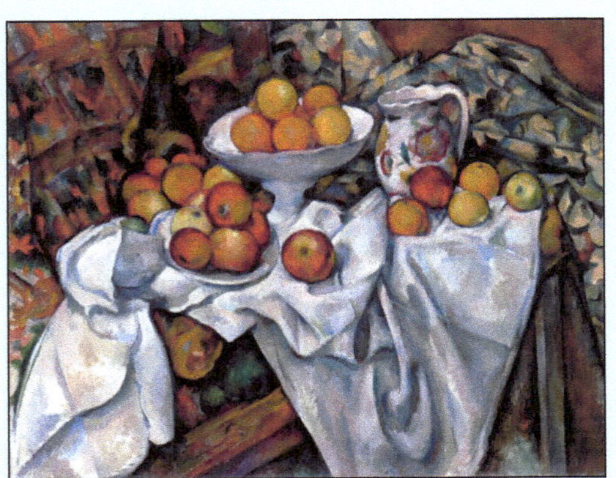
Paul Cézanne
Stillleben mit Äpfeln und Orangen 1895-1900

Gruppierung: Ähnliche Inhalte wirken als Einheit oder Gruppe verschiedener oder gleicher Größe. Sie sind zentral oder unterschiedlich ausgewogen auf der Bildfläche angeordnet.

KOHL VERLAG BILDER *RICHTIG* GESTALTEN Band 1: Kompositions- & Gestaltungsgrundlagen – Bestell-Nr. 13 091

Ordnungsprinzipien 2

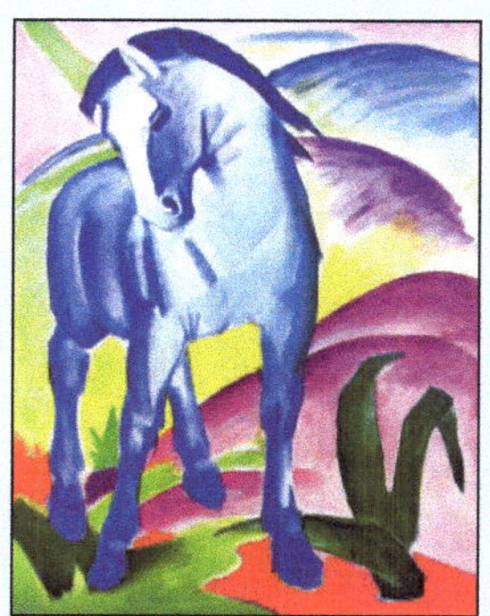

Franz Marc
Blaues Pferd 1911

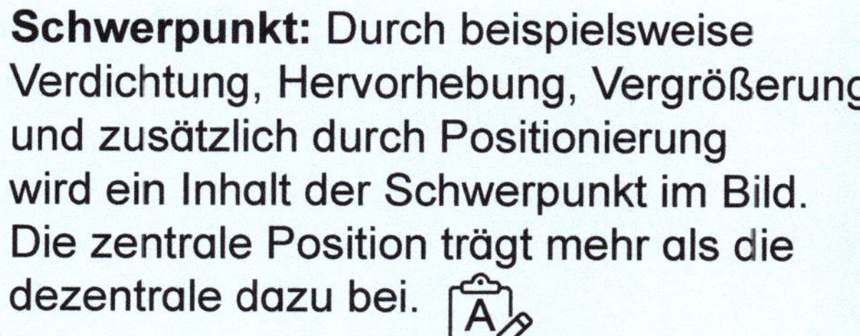

Schwerpunkt: Durch beispielsweise Verdichtung, Hervorhebung, Vergrößerung und zusätzlich durch Positionierung wird ein Inhalt der Schwerpunkt im Bild. Die zentrale Position trägt mehr als die dezentrale dazu bei.

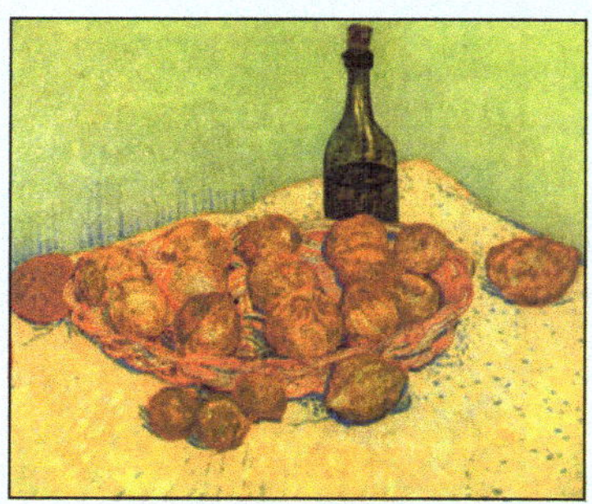

Vincent van Gogh **Stillleben mit Flasche, Zitronen und Orangen** 1888

Ballung: Gleiche oder ähnliche Inhalte, die neben oder teilweise überdeckend dargestellt sind, bewirken die Ballung oder Verdichtung.

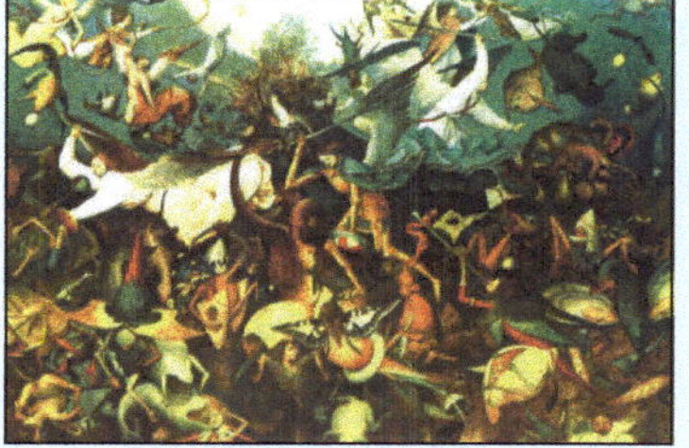

Pieter Bruegel der Ältere
Sturz der Engel 1562

Streuung: Die Bildfläche ist mit einer Vielzahl an inhaltlichen Elementen mit zufälligen, unregelmäßigen oder regelmäßigen Abständen gefüllt.

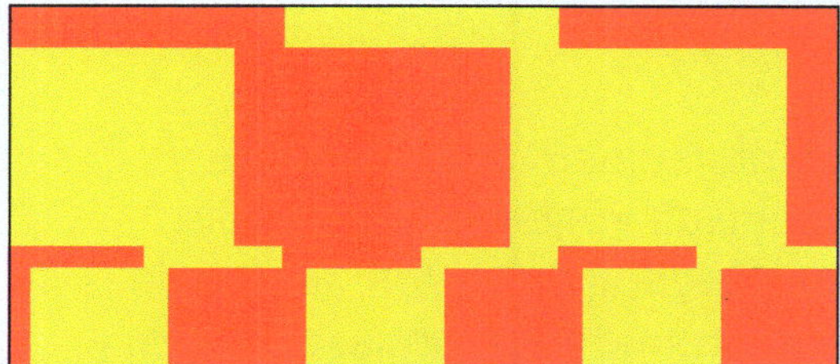

Unbekannt **Rot und Gelb eckig** 2023

Struktur: Gleiche oder ähnliche Elemente werden streng oder locker gereiht dargestellt.

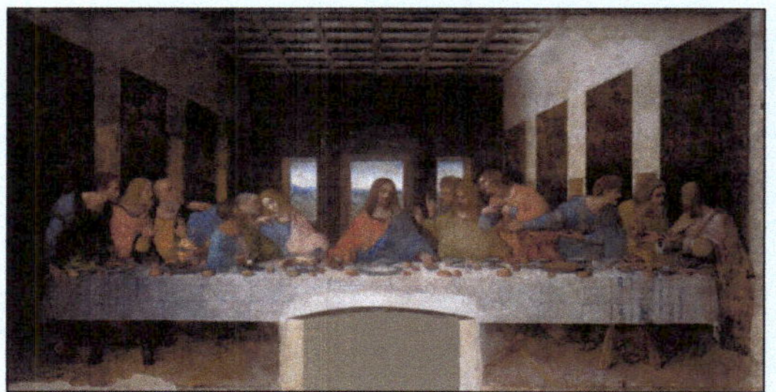

Leonardo da Vinci
Abendmahl um 1495-1497

Symmetrie: Der Inhalt ist annähernd oder selten streng achsensymmetrisch angeordnet.

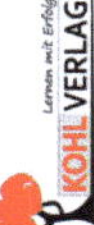

Ordnungsprinzipien 3

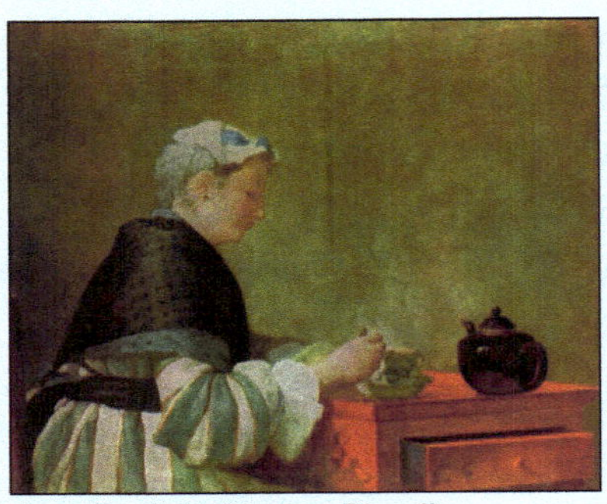

Jean-Baptiste Siméon Chardin
Die Teetrinkerin 2. Drittel 18. Jahrhundert

Asymmetrie: Der Inhalt ist unregelmäßig unter Vermeidung einer Symmetrie zu sehen.

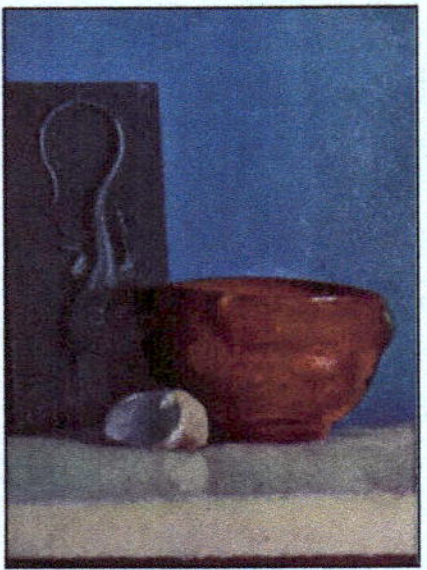

Edgar Degas
Stillleben mit Eidechse um 1858-1860

Statik: Die Bildelemente sind in geringer Anzahl übersichtlich wie bewegungslos und ruhig stehend oder liegend zumeist waagerecht einzeln, berührend oder zum Teil überdeckend angeordnet.

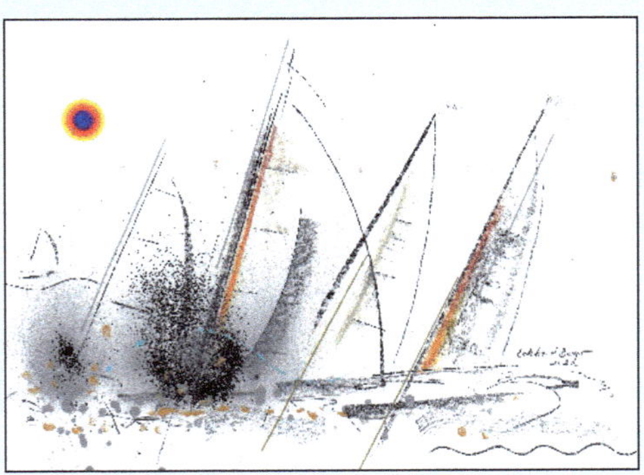

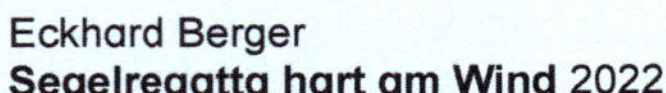

Eckhard Berger
Segelregatta hart am Wind 2022

Dynamik: Der Inhalt und Form drücken Dynamik aus. Bewegung, Asymmetrie und diagonale Richtungen unterstützen das dynamische geschehen.

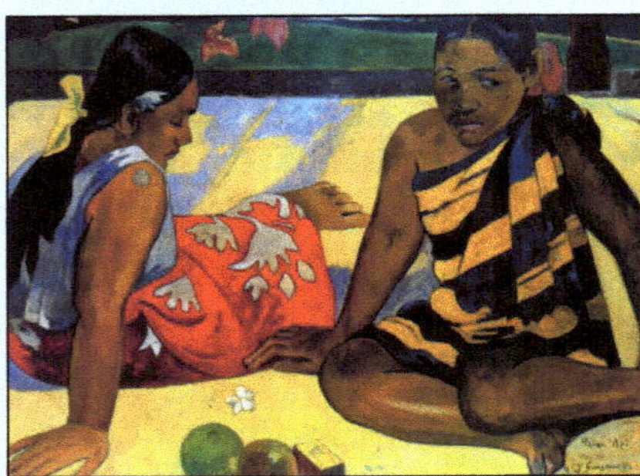

Paul Gauguin
Zwei Frauen von Tahiti 1892

Kontraste: Unterschiedliche Elemente heben sich deutlich voneinander ab. Sie können einen Gegensatz bilden. Beispiele sind Farb-, Form- und Richtungskontraste.

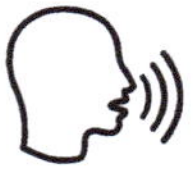

- *Zähle die Ordnungsprinzipien auf.*
- *Nenne ihre wesentlichen Merkmale.*
- *Ordne Kunstwerken aus der Kunstgeschichte Ordnungsprinzipien zu und begründe.*

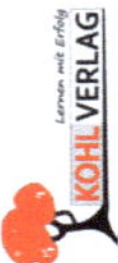

BILDER *RICHTIG* GESTALTEN
Band 1: Kompositions- & Gestaltungsgrundlagen – Bestell-Nr. 13 091

Reihung

Sandro Botticellis weltberühmtes Werk **Der Frühling** (1478-1482) zeigt im Bereich imaginärer waagerechter Linien eine locker bewegte **Reihung** von Figuren. Ausnahme ist in der Mitte die hoch gesetzte Venus als ein Symbol für Liebe und Schönheit.

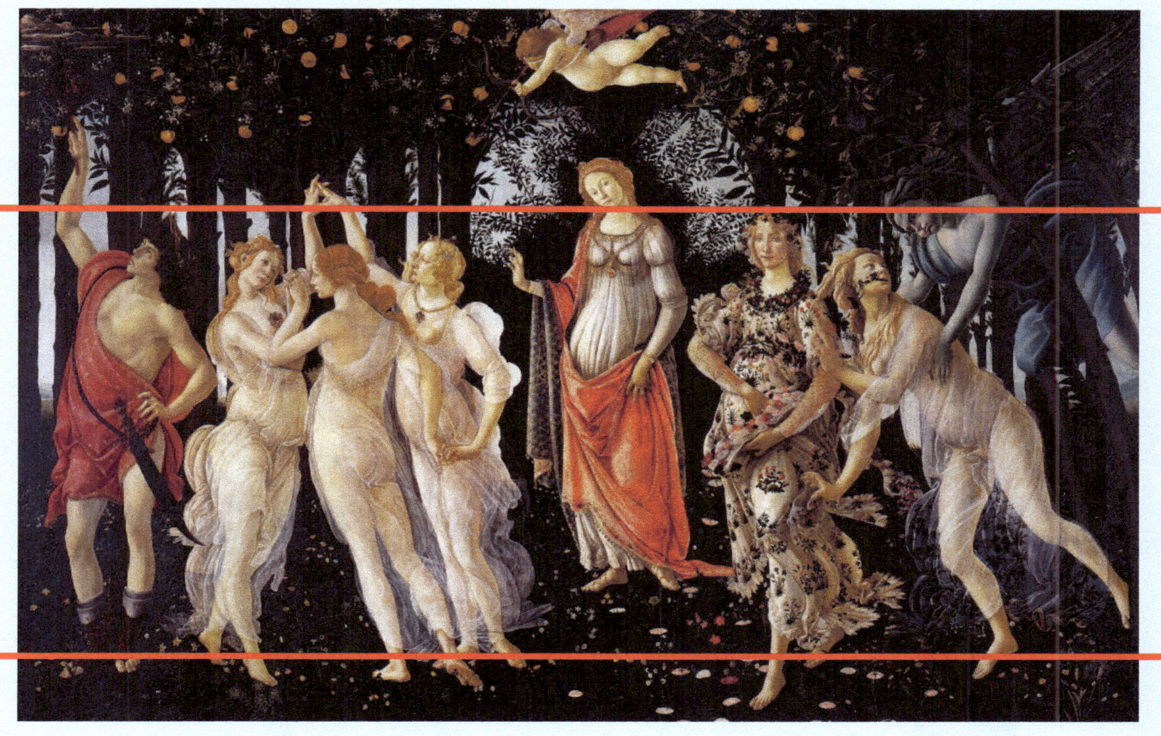

*Bilde mit deinen Mitschülern eine strenge, lockere oder sehr bewegte **Reihung** aus drei bis neun Personen mit gleichen oder verschiedenen Abständen, die in Silhouettenform mit dunkler Farbe auf einem Zeichenblockblatt der Größe DIN A3 wiedergegeben werden sollen.*

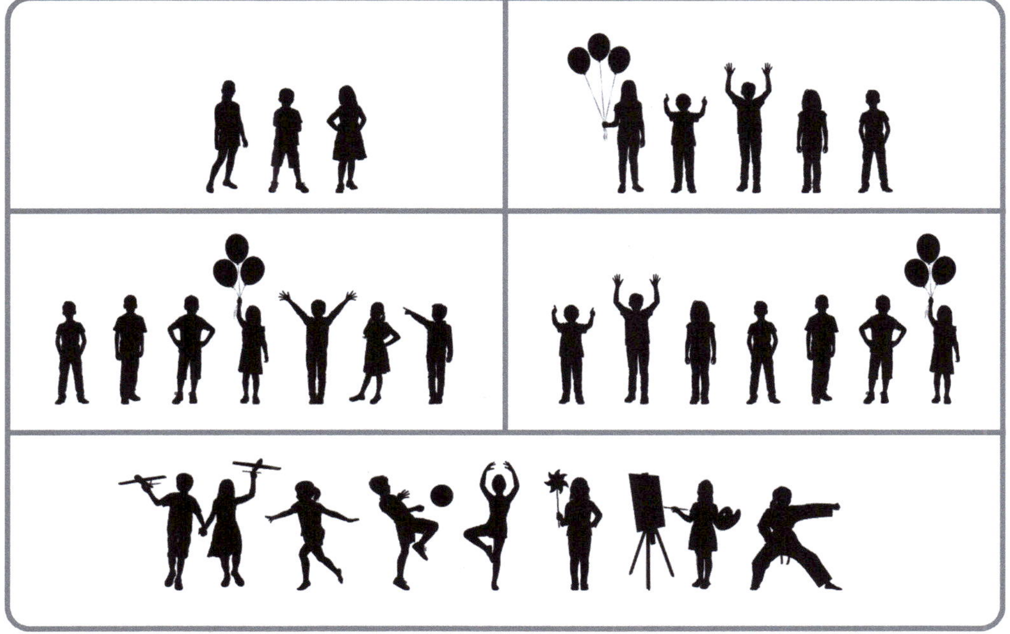

BILDER *RICHTIG* GESTALTEN
Band 1: Kompositions- & Gestaltungsgrundlagen – Bestell-Nr. 13 091

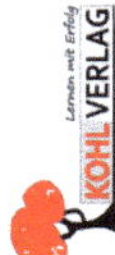

Rhythmus

ⓘ Das bekannte Bild **Schutzmantelmadonna** gehört zu den zahlreichen Mariendarstellungen in der Kunstgeschichte. Hier ist das Recht dargestellt, Personen unter dem Mantel Schutz zu gewähren. Die Personen bilden durch ihre unterschiedliche Größe und ihrem ähnlich wirkenden Aussehen und ihrer Anordnung links und rechts einen klaren Bildrhythmus. Maria mit dem ausgebreiteten Mantel beherrscht als zentrale Mitte das Bild. Die äußeren Personen sind der Anfang und das Ende des Inhaltes.

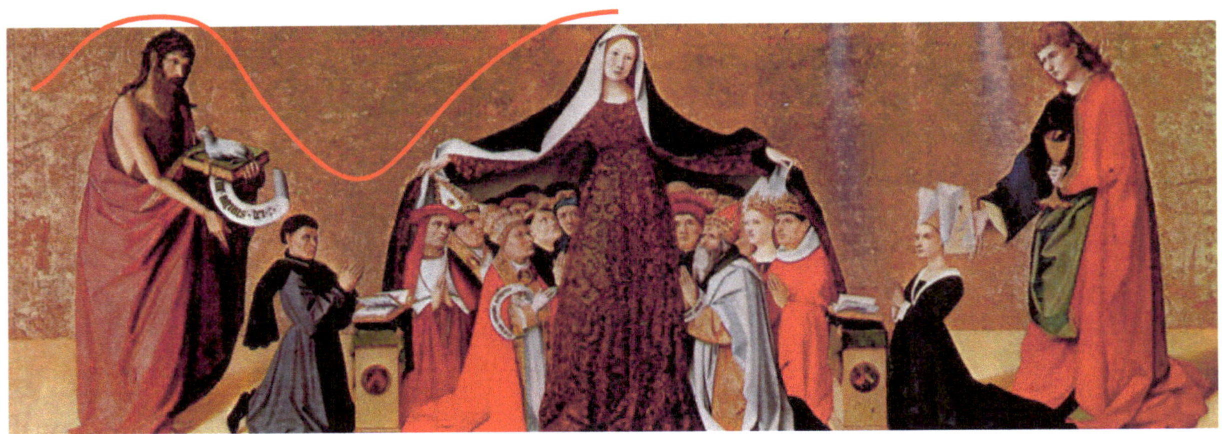

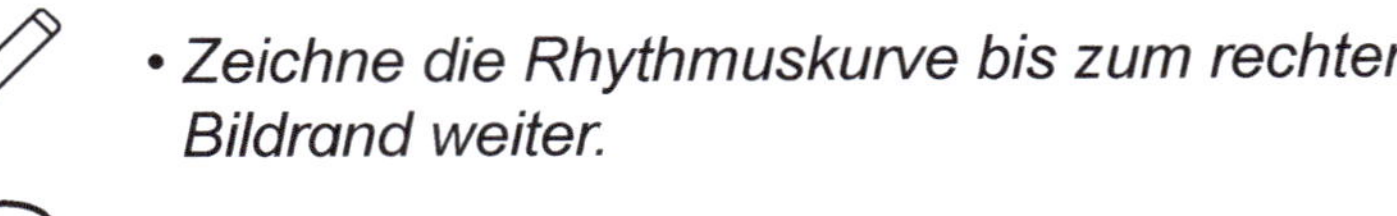

- *Zeichne die Rhythmuskurve bis zum rechten Bildrand weiter.*

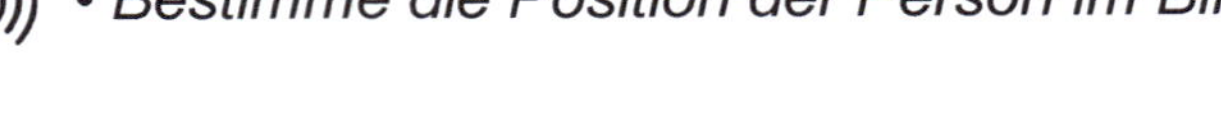

- *Bestimme die Position der Person im Bild.*

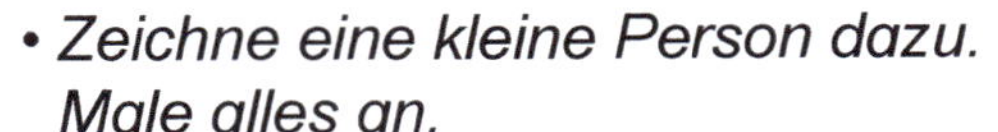

- *Zeichne eine kleine Person dazu. Male alles an.*

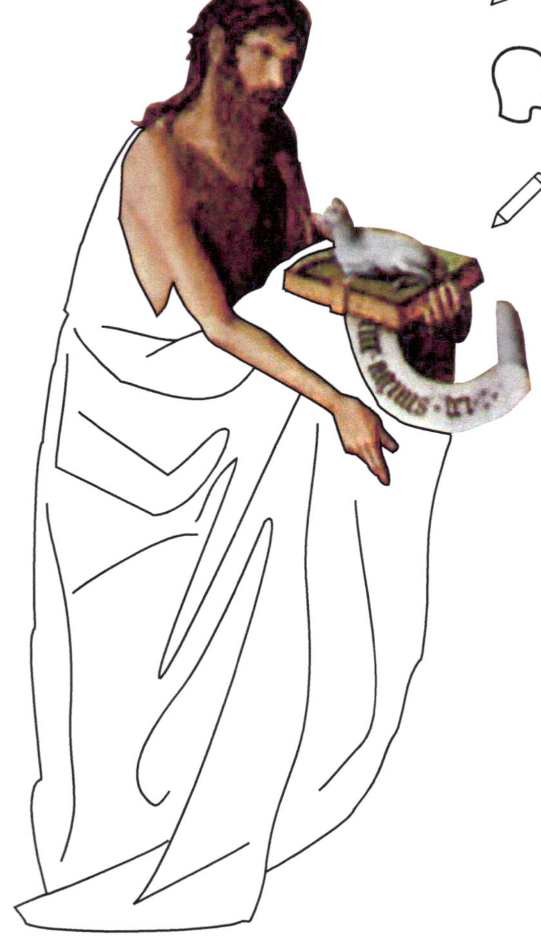

Gruppierung

Paul Cézannes Bild gehört zu den sechs Gemälde umfassenden Zyklus mit Obst und weißem Stoffgegenstand. Die Äpfel zeigen eine asymmetrische und dezentrale **Gruppierung**. Sie liegen in loser Ordnung zu je sechs Stück auf einem Gefäß.

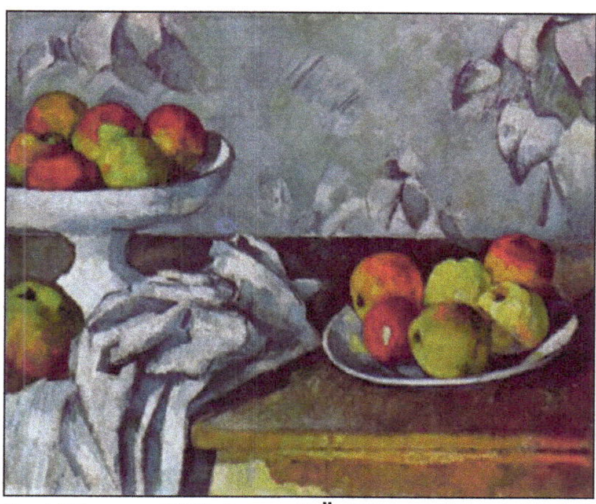

Paul Cézanne **Stillleben mit Äpfeln und Fruchtschale**
1879-1882

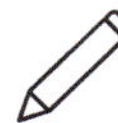

- *Male die Äpfel und Schale an.*
- *Erweitere das Bild nach unten.*

- *Male mit Pinseln und Tuschfarben ein Obststillleben mit einer Gruppierung auf einem Zeichenblockblatt der Größe DIN A3.*

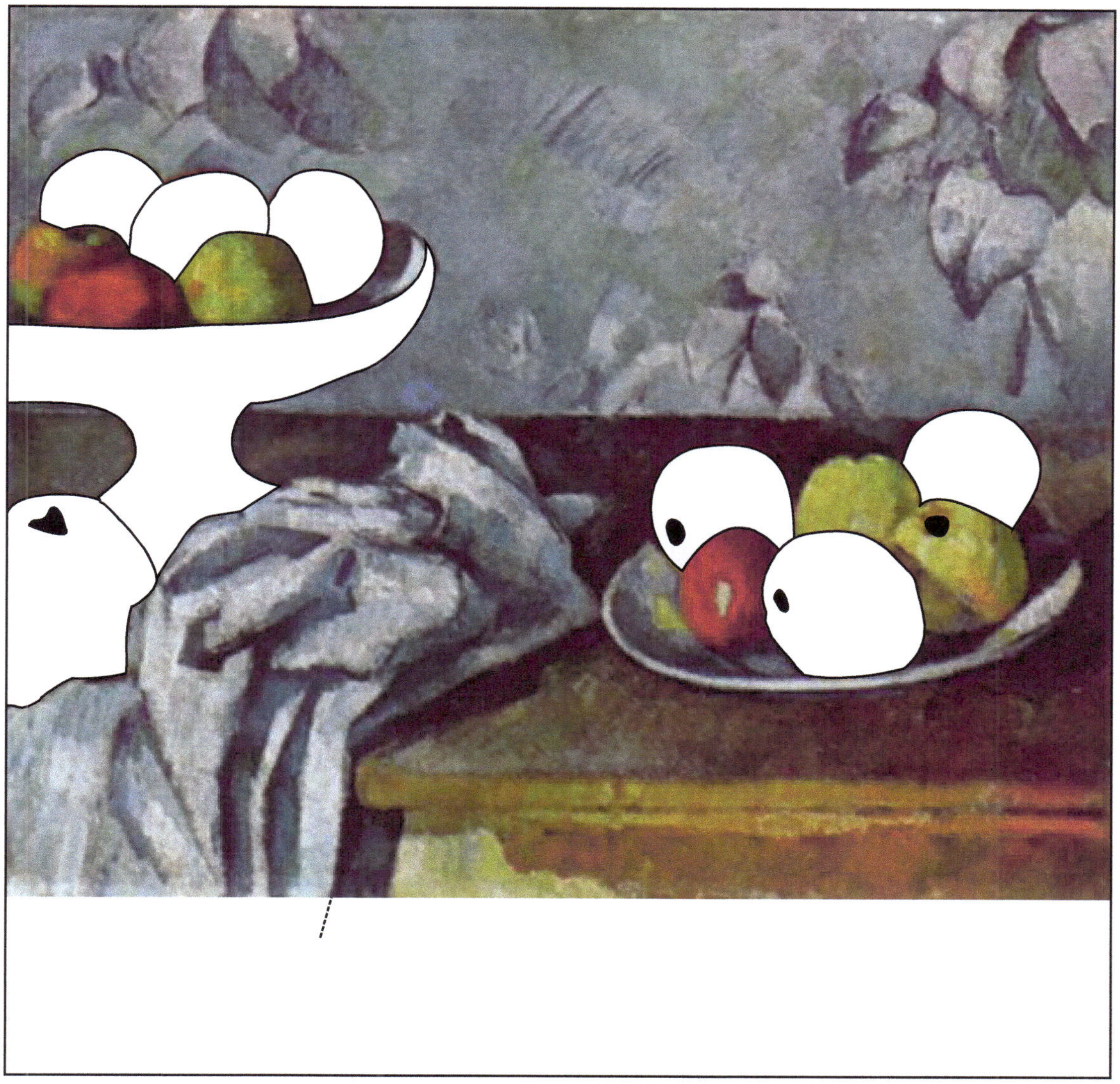

BILDER *RICHTIG* GESTALTEN
Band 1: Kompositions- & Gestaltungsgrundlagen – Bestell-Nr. 13 091
KOHL VERLAG

Schwerpunkt

ⓘ Jan Vermeer stellte am häufigsten Frauen bei der Arbeit dar. Er formte die Magd als **Schwerpunkt** im Bild er sehr plastisch und monumental mit Licht- und Schattenkontrasten.

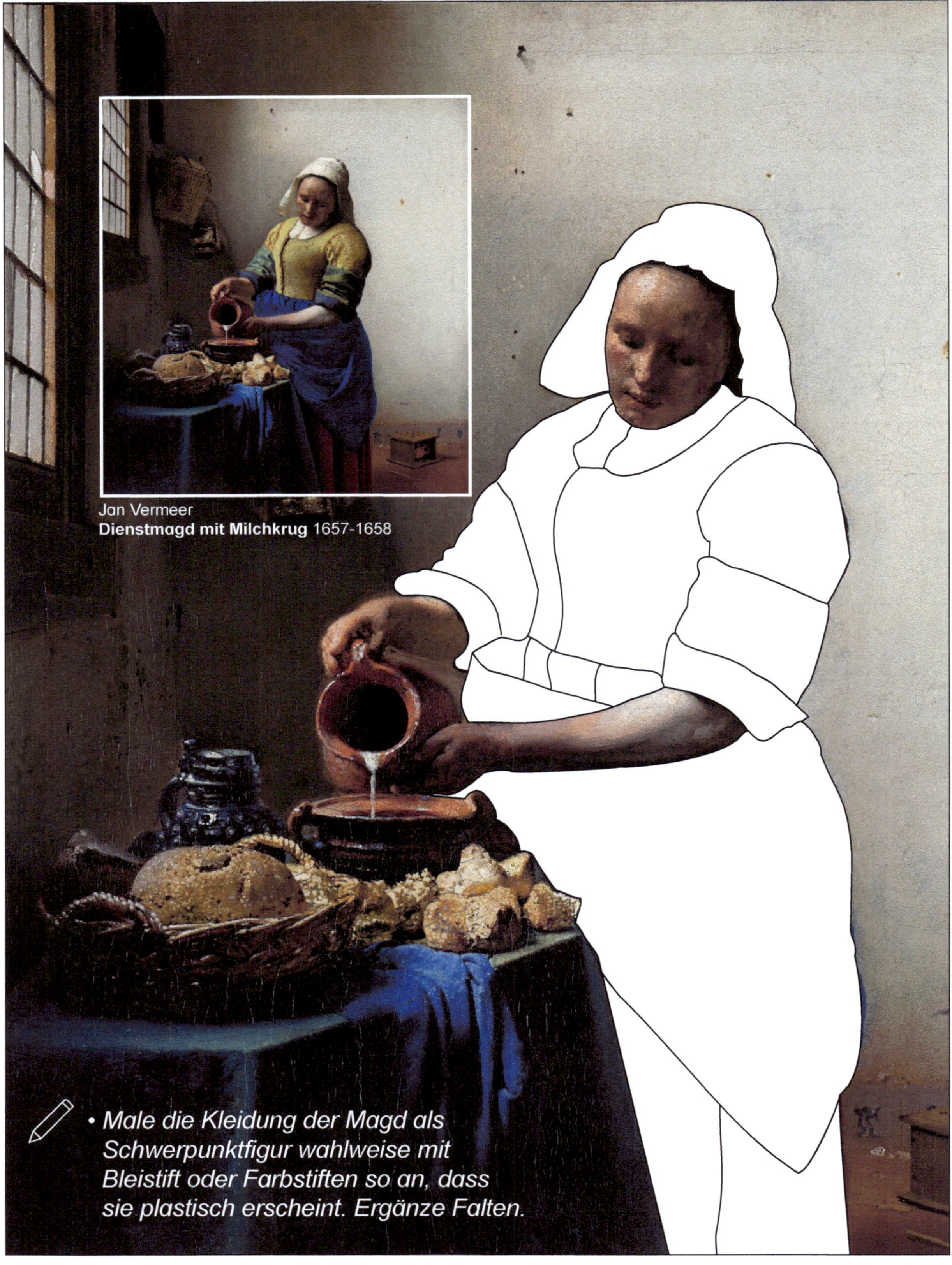

Jan Vermeer
Dienstmagd mit Milchkrug 1657-1658

- *Male die Kleidung der Magd als Schwerpunktfigur wahlweise mit Bleistift oder Farbstiften so an, dass sie plastisch erscheint. Ergänze Falten.*

Ballung

Vincent van Gogh schuf eine Serie aus unterschiedlichen Bildern mit Sonnenblumen im Sommer 1888 als Dekoration für das Haus, in dem er wohnte. Die Gelbtöne sollten nicht nur Licht und Wärme, sondern auch Glück symbolisieren. Mit den vielen dicht arrangierten, ungleichen Blumen, die sich teilweise überdecken, stellte er das Ordnungsprinzip **Ballung** dar.

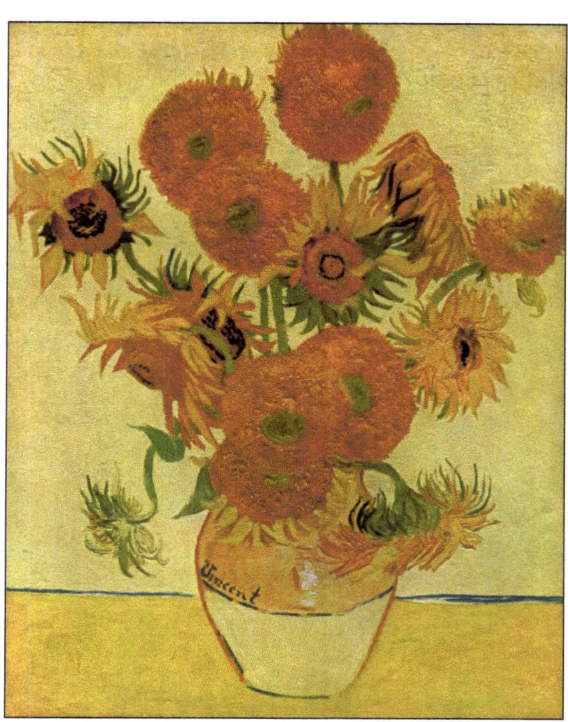

Vincent van Gogh **Stillleben mit Sonnenblumen** 1888

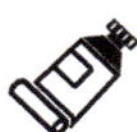

- *Klebe ein Blatt Papier an.*

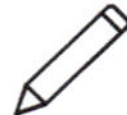

- *Zeichne eine Vase.*
- *Fülle sie geballt mit vielen Blumen von einer oder mehreren Sorten und male alles an.*

- *Fülle eine Vase mit vielen gleichen oder ungleichen Blumen nach dem Prinzip* ***Ballung****.*

Hier ankleben

Streuung

In diesem Bild ist eine Vielzahl an Kindergruppen zu sehen, die sich mit Spielen und Spielsachen aktiv beschäftigen. Äußerlich wirken sie wie kleine Erwachsene. In unregelmäßigen Abständen sind die Gruppen nach dem Ordnungsprinzip **Streuung** auf der Fläche verteilt, sodass sich eine dynamisch lebendige Wirkung ergibt.

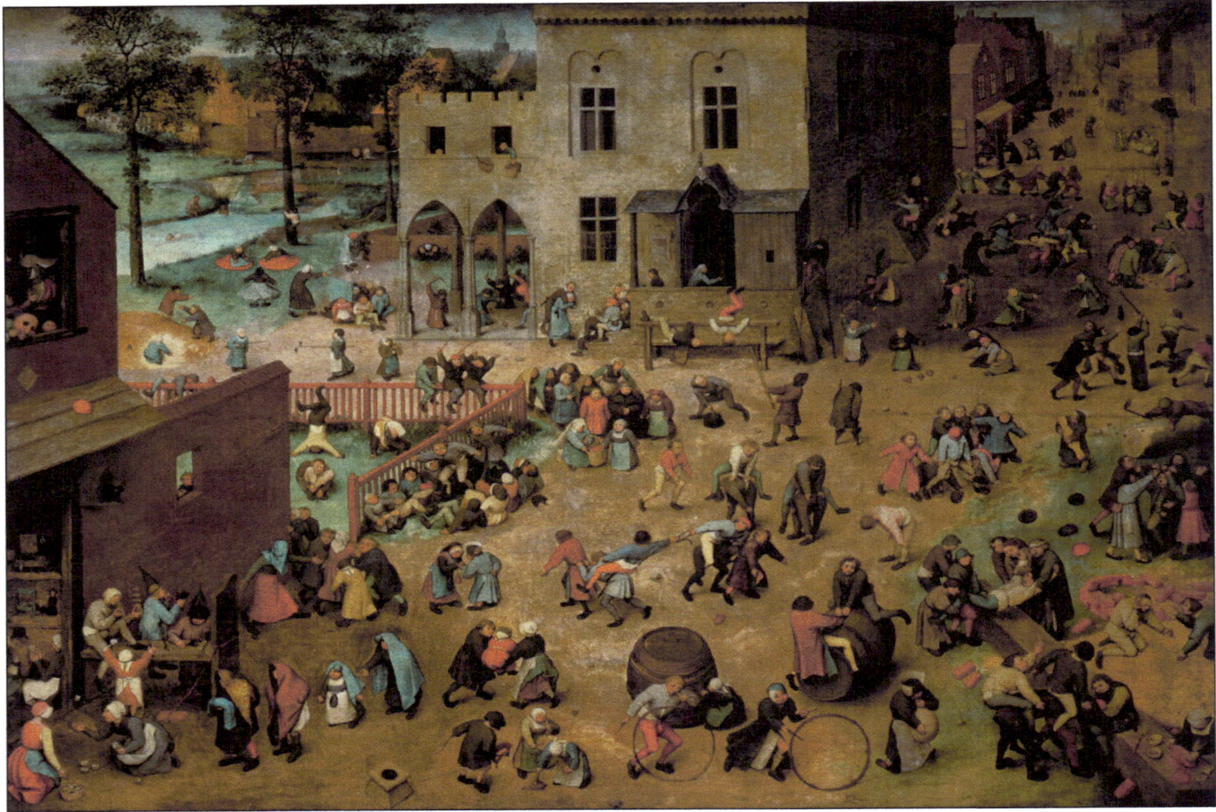

Pieter Bruegel d. Ä. **Die Kinderspiele** 1560

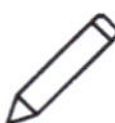

- *Zeichne skizzenhaft eine ausgewählte Spielgruppe aus zwei oder drei Personen mit dem Bleistift nach.*

- *Male mit Pinseln und Tuschfarben einige kleine Gruppen auf einem Platz auf einem Zeichenblockblatt der Größe DIN A3.*

BILDER *RICHTIG* GESTALTEN
Band 1: Kompositions- & Gestaltungsgrundlagen – Bestell-Nr. 13 091

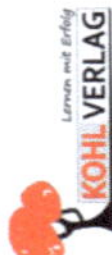

Struktur

Das Ordnungsprinzip **Struktur** oder **Muster** ist in vielen Formen neben dem Bereich Kunst auch vielfach im Design, in der Mode und Werbung zu sehen.

- *Zeichne das Muster auf der gesamten Fläche des T-Shirts weiter und male es an.*

- *Entwirf auf einem weißen T-Shirt ein cooles Muster mit Textilfarbstiften. Male es bunt an.*

- *Stelle mit deinen Mitschülern die T-Shirts aus oder organisiere mit ihnen eine Modenschau. Die Besucher werden die Shirts sehr bewundern.*

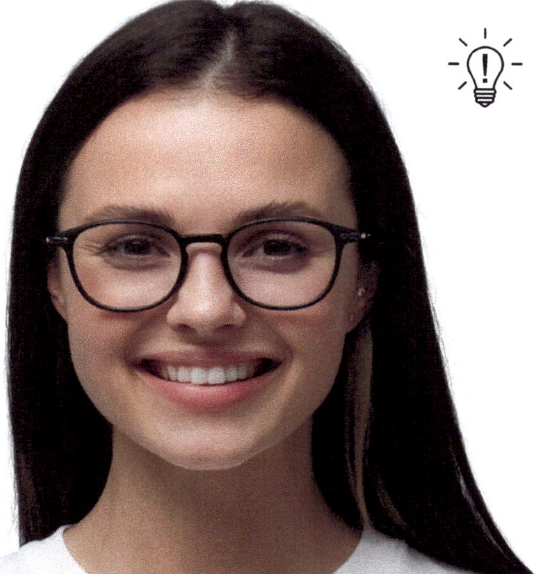

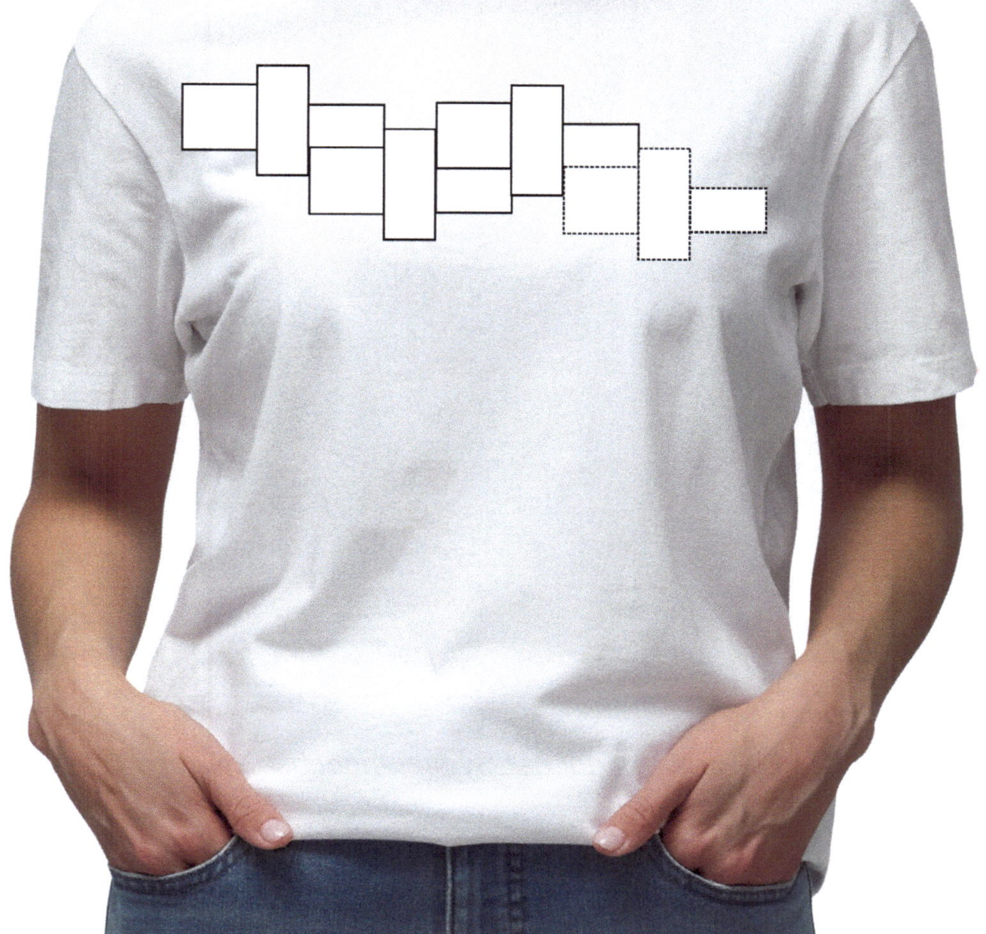

Symmetrie

ⓘ Der deutsch-schweizerische Künstler **Hans Holbein der Jüngere** malte bei einem Englandaufenthalt, wo er für König **Heinrich VIII.** als Hofmaler arbeitete, das Bild mit zwei Franzosen am englischen Hof, links der Auftraggeber der französische Gesandte in England **Jean de Dinteville** und rechts sein Freund der Bischof von Lavur Georges de Selve. Die Kleidung und die sie umgebenden Gegenstände belegen ihren Reichtum und wohl auch ihr Wissen. Beide Personen ordnete der Künstler im Sinne einer nicht strengen, sondern ungefähren Symmetrie an, wobei der Auftraggeber etwas vorgerückt dargestellt ist.

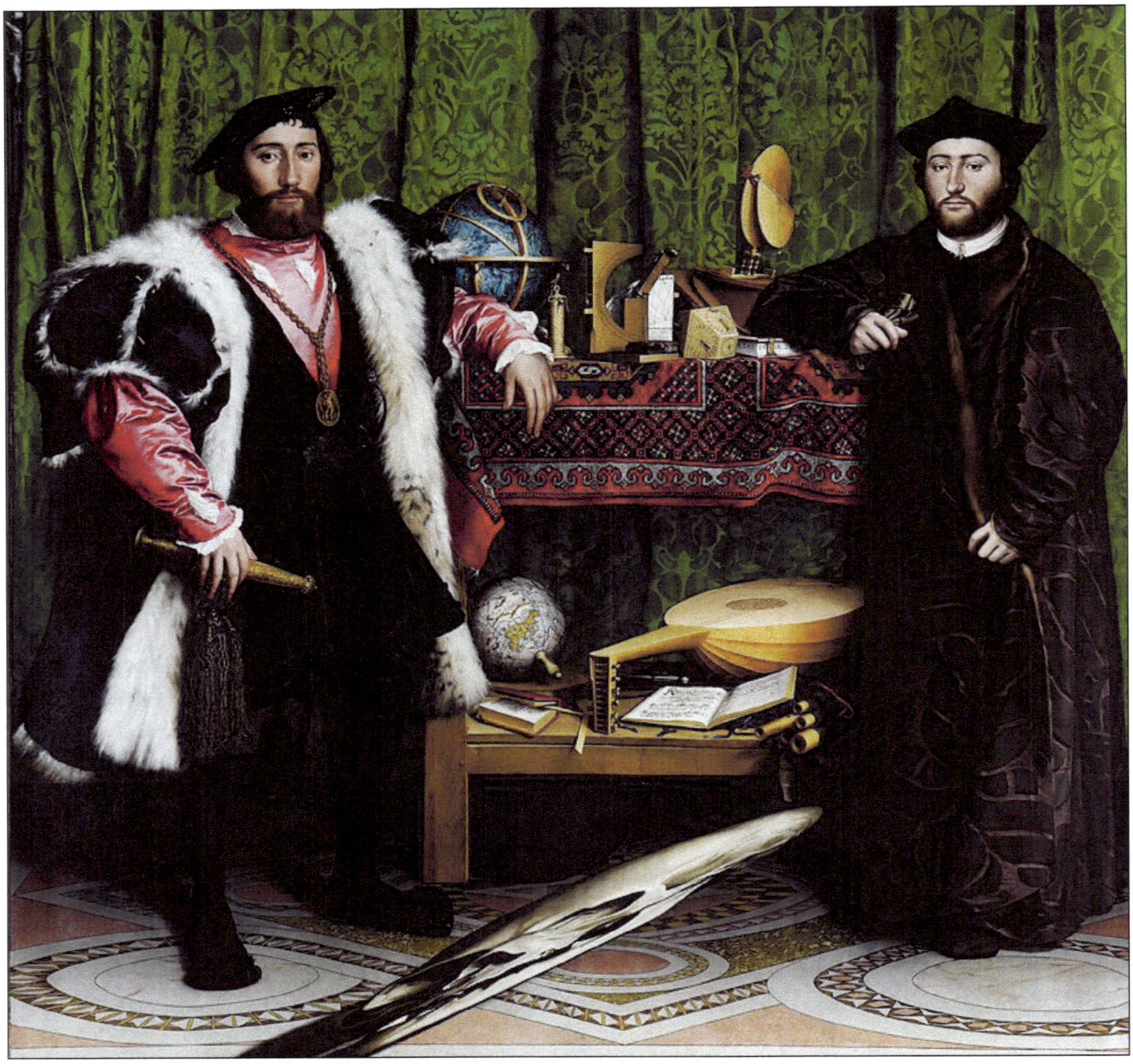

Hans Holbein d. J. **Die Gesandten** 1444

- *Zeichne in das Bild den Verlauf der Symmetrieachse zwischen den beiden Gesandten.*
- *Schreibe an die Gegenstände die Buchstaben:*
  A = Himmelsglobus mit Sternen und Planeten, B = Sonnenuhr
  C = Lutherisches Gesangbuch, D = Verzerrter Schädel, E = Mandoline

KOHL VERLAG
BILDER *RICHTIG* GESTALTEN
Band 1: Kompositions- & Gestaltungsgrundlagen – Bestell-Nr. 13 091

Asymmetrie

Paula Modersohn-Becker erlebte das Teufelsmoor bei ihrem Wirkungsort Künstlerkolonie Worpswede. Mit einem groben Pinselstrich malte sie es mit dem Moorgraben nach dem Prinzip **Asymmetrie**.

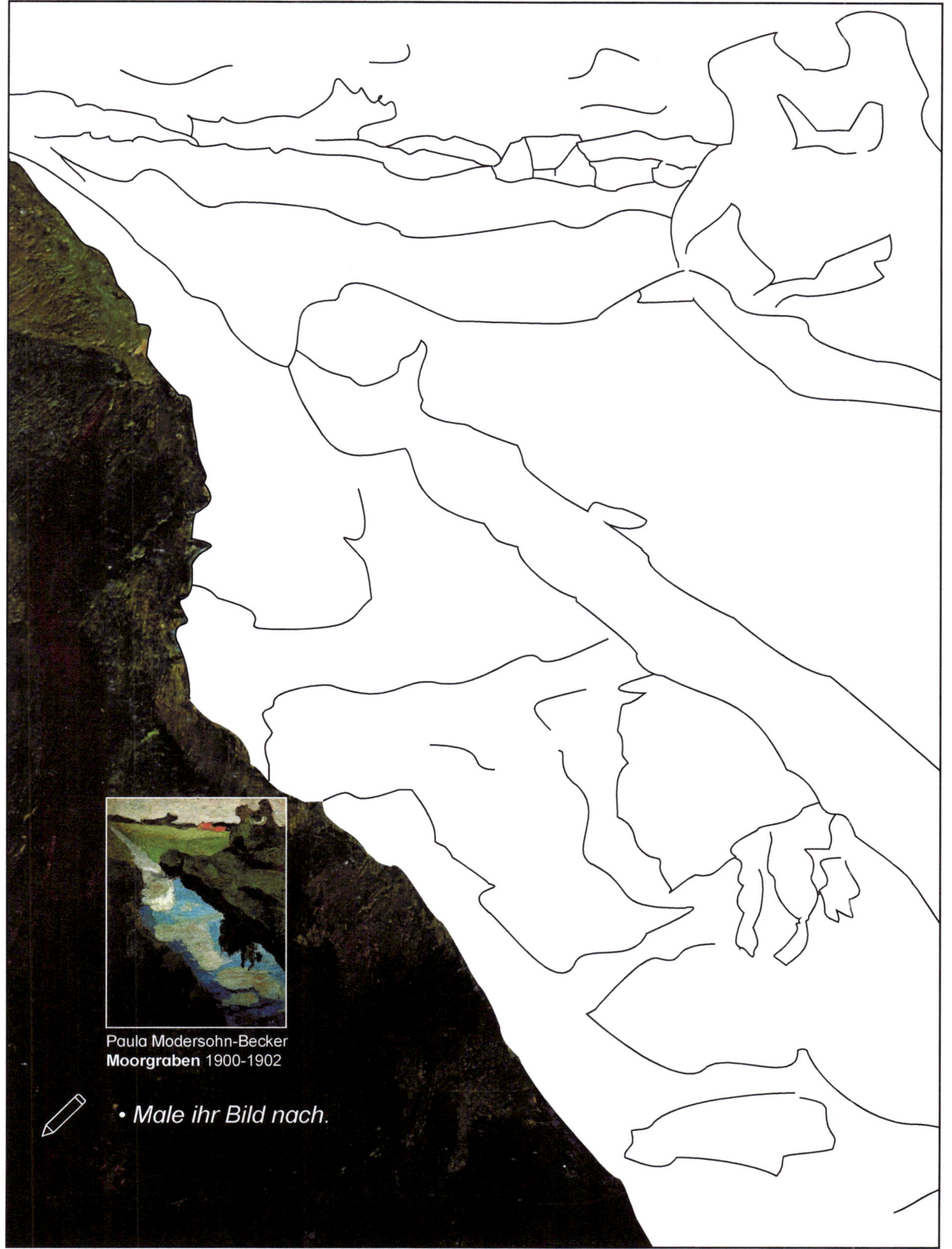

Paula Modersohn-Becker
Moorgraben 1900-1902

• *Male ihr Bild nach.*

Statik

In dem Stillleben sind die Inhalte stehend und liegend auf der schmalen Tischfläche angeordnet. Diese Positionierung und die Unbewegtheit tragen zu dem Prinzip **Statik** bei. Seine besondere Fähigkeit zeigt der Künstler bei der Gestaltung des Bechers mit den Spiegelungen der Äpfel.

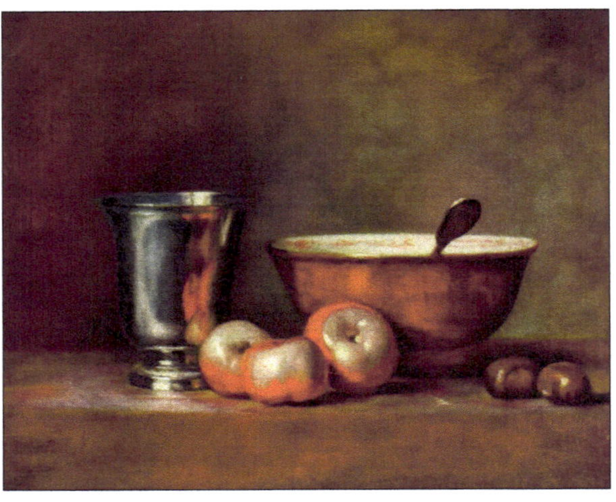

Jean-Baptiste Siméon Chardin **Der Silberbecher** um 1750

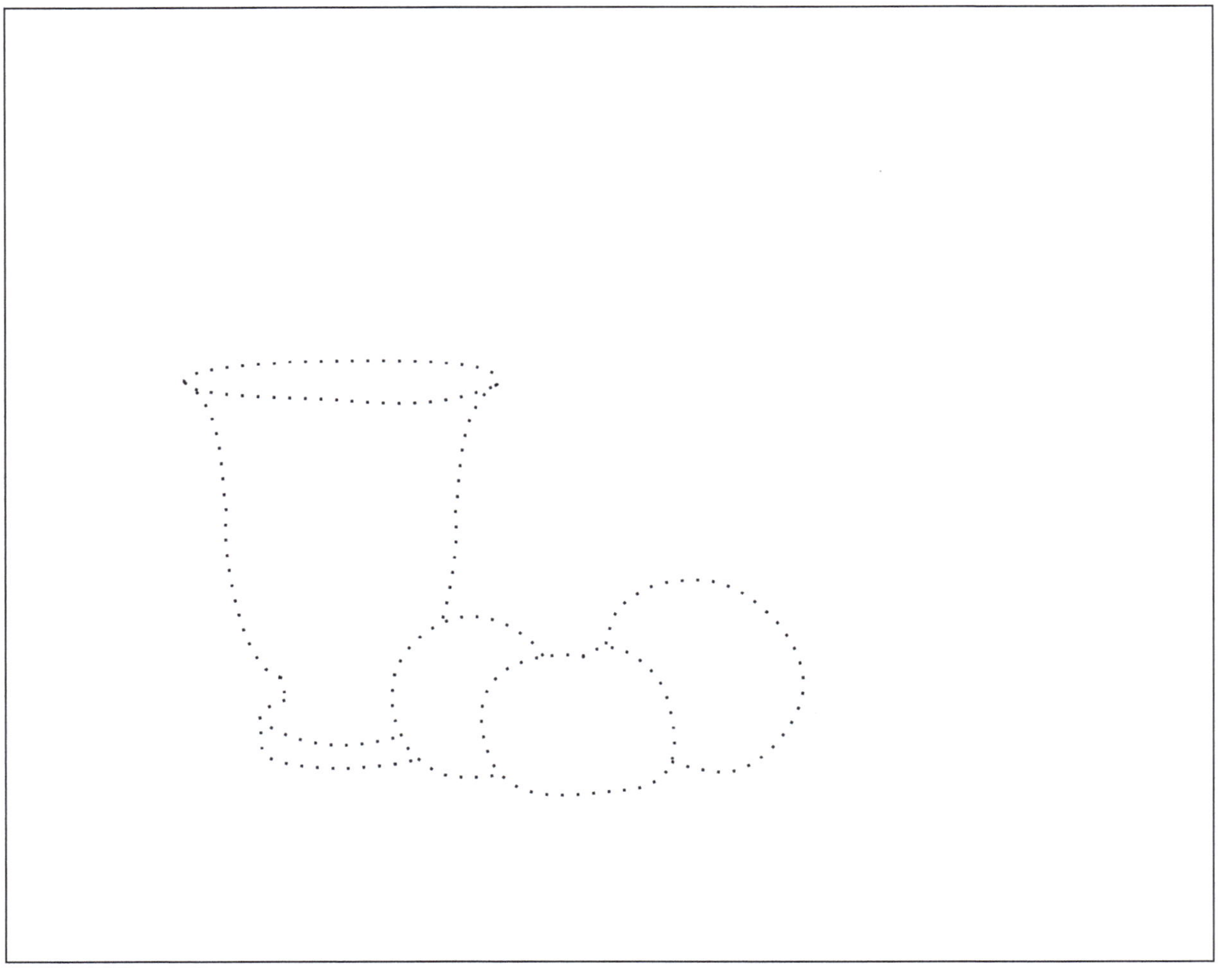

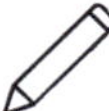

• *Vervollständige das Bild mit dem Bleistift. Gestalte plastisch.*

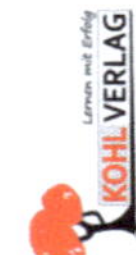

Dynamik

ⓘ Die Grafik zeigt Boote hart am Wind mit voller Besegelung bei einer Regatta. Ihre Schräglage, der starke Wind und das aufgewühlte Wasser tragen außerordentlich zur **Dynamik** bei. Die konzentrisch gestaltete Sonne in Regenbogenfarbigkeit, ein Markenzeichen des Künstlers,wirkt statisch und kontrastierend zu dem weiteren Bildinhalt.

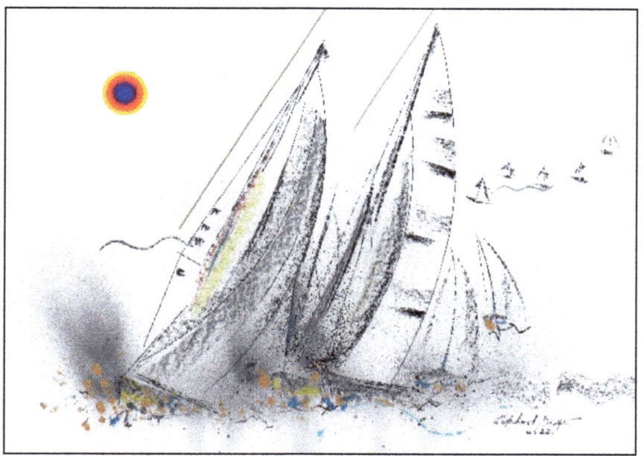

Eckhard Berger **Hart am Wind** 2022

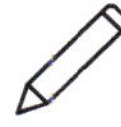

- *Zeichne hier den Inhalt der Segelimpression als Bleistiftkizze mit viel Dynamik in deinem Stil ab.*

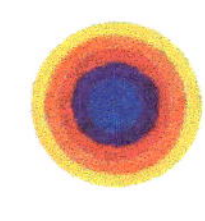

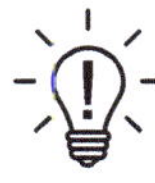

- *Male Segelboote in einer dynamischen Fahrt auf dem Meer mit Pinseln und Tuschfarben auf einem Zeichenblockblatt.*
- *Wähle einen weiteren Bildinhalt und stelle ihn mit beliebigen Arbeitsmitteln mit viel Dynamik dar.*

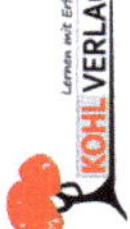

Kontraste

ⓘ Alexej von Jawlensky **Stillleben mit violetter Schale** (1912) ist mit Farben und Formen teilweise konturiert und kräftig dargestellt. Das Ordnungsprinzip **Kontraste** wurde angewandt. Namensgeber ist die violette Schale.

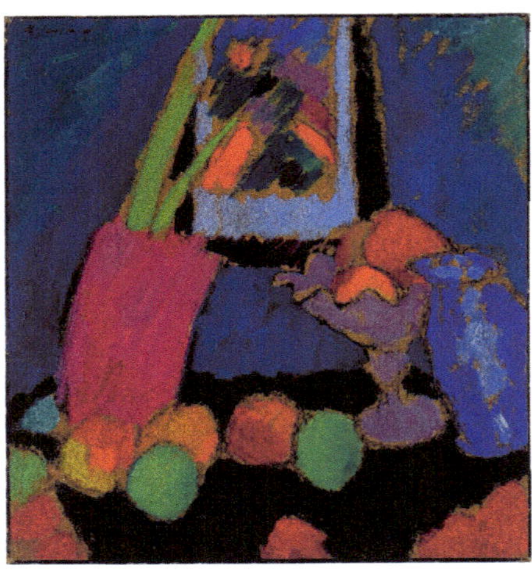

- *Zeichne das Bild weiter und male es kontrastreich an.*

- *Setze Gegenstände zu einem Stillleben zusammen und male sie mit Pinseln und Tuschfarben kontrastreich auf einem Zeichenblockblatt der Größe DIN A3 ab.*

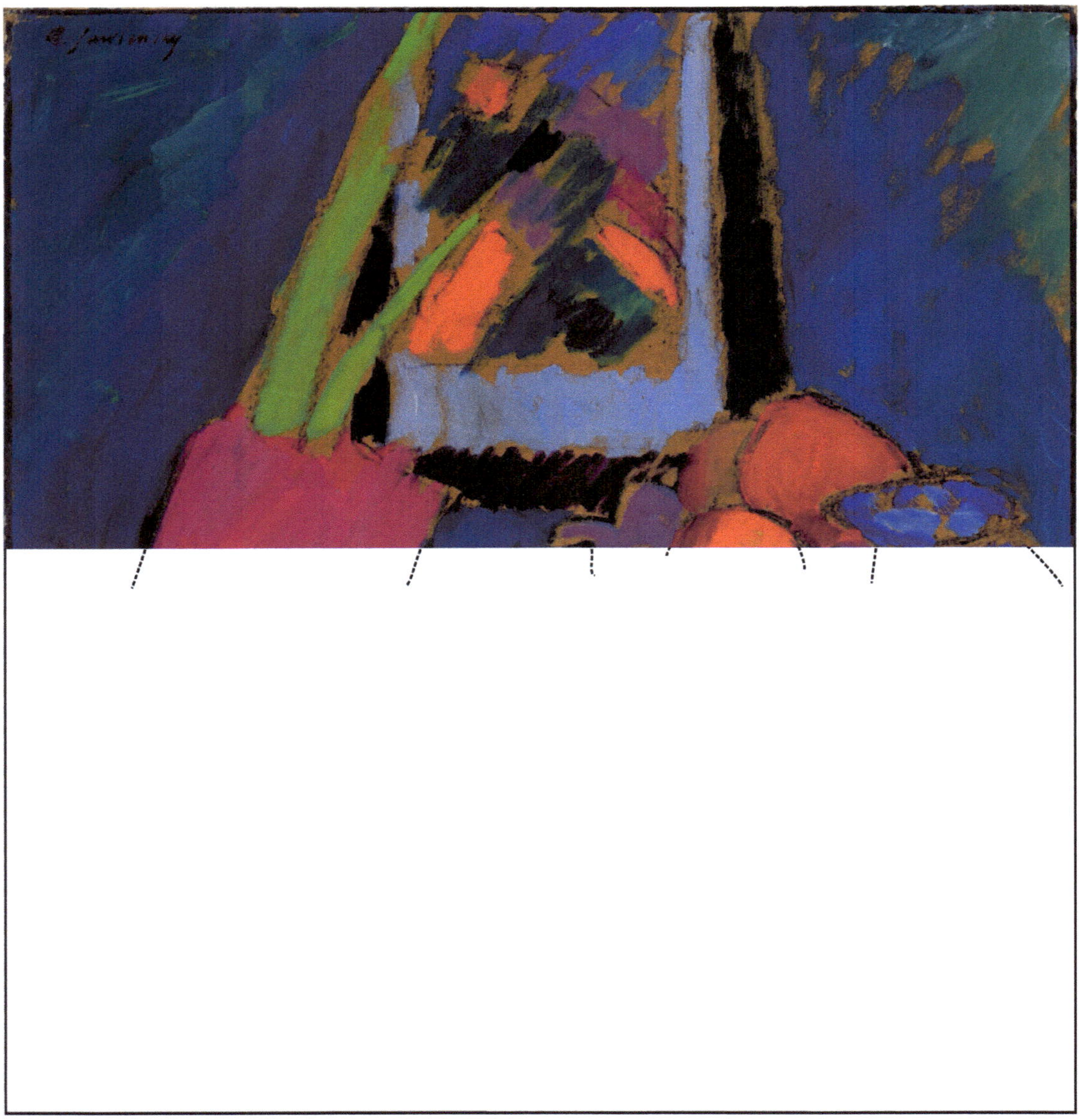

Kontraste 1

Kontrast leitet sich von der Zusammensetzung der lateinischen Begriffe **contra** und **stare** ab. **Contra** bedeutet **gegen** und **stare** bedeutet **stehen**. Bei einem Bild beziehen sich Kontraste auf den Unterschied zwischen zwei und mehr bildnerischen Elemente oder Inhalten. Entgegengesetzte Eigenschaften treffen aufeinander und sind in einer Beziehung zueinander, zum Beispiel klein und groß, dünn und dick, gerade und gebogen, hoch und niedrig, hart und weich und waagerecht und senkrecht. Kontraste sind für das Sehen fundamental, das auf der Trennung und Einordnung von Lichtinformationen beruht. Kontraste können unterschiedliche Spannungs- und Wirkungsgrade haben. Ähnliche Farben und Formen wirken ausgeglichen und ruhig und verschiedene Farben dynamisch und aufregend. Es gibt verschiedene Kontrastarten.

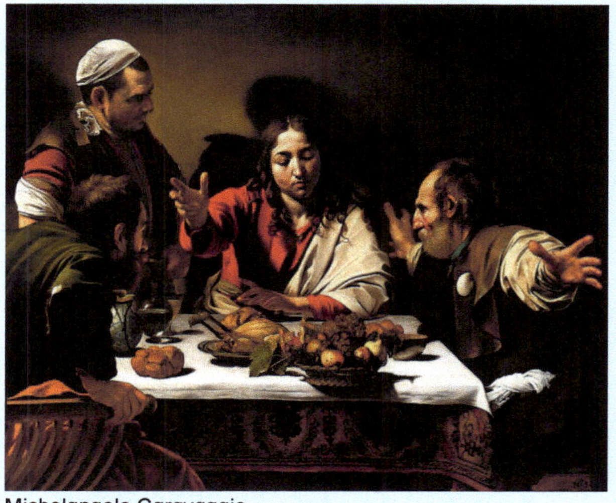

Michelangelo Caravaggio
Das Abendmahl in Emmaus 1601

Der **Hell-dunkel-Kontrast** oder Farbkontrast zählt zu den wichtigsten Arten. Mit seiner zunehmenden Stärke vergrößert sich die Spannung im Bild. Dunkle Inhalte treten auf hellem Untergrund hervor und helle auf dunklem Untergrund. Mit diesem Kontrast können Plastizität und Räumlichkeit gefördert werden.

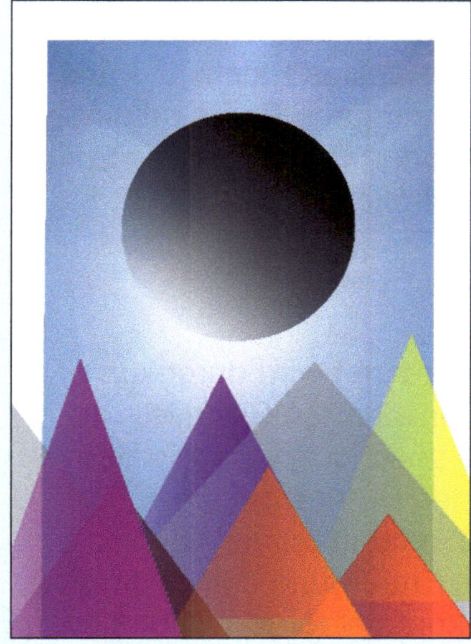

Eckhard Berger
Schwarze Sonne 2022

Der **Form-an-sich-Kontrast**, der auch **Formkontrast** genannt wird, wird durch die Unterschiede von Formen auf der gemeinsamen Fläche bestimmt. Am stärksten wirkt er, wenn die Grundformen Viereck, Dreieck und Kreis aufeinander treffen, die zusätzlich einen **Flächenkontrast** ergeben. Eckige und runde Formen heben sich deutlich voneinander ab. Auch Punkte, Linien, Flächen und Körper von unterschiedlicher Größe, Stärke und Position ergeben diese Kontrastart.

Kontraste 2

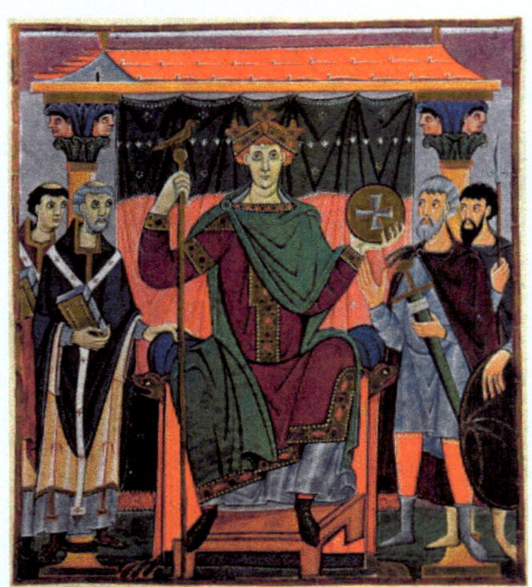
Meister der Reichenauer Schule
Evangeliar Kaiser Ottos III. um 1000 (Szene)

Der **Quantitätskontrast** betrifft die Beziehung zwischen Klein und Groß, Dünn und Dick, Schmal und Breit, Kurz und Lang und Wenig und Viel. Der **Größenkontrast** mit dem Gegensatzpaar Klein und Groß gehört zu ihm. Er wird bei der Raumbildung eingesetzt, wenn kleinere Inhalte Entfernung und größere Nähe bewirken. In der Bedeutungsperspektive erscheinen große Personen sehr bedeutsam und kleinere weniger bedeutsam.

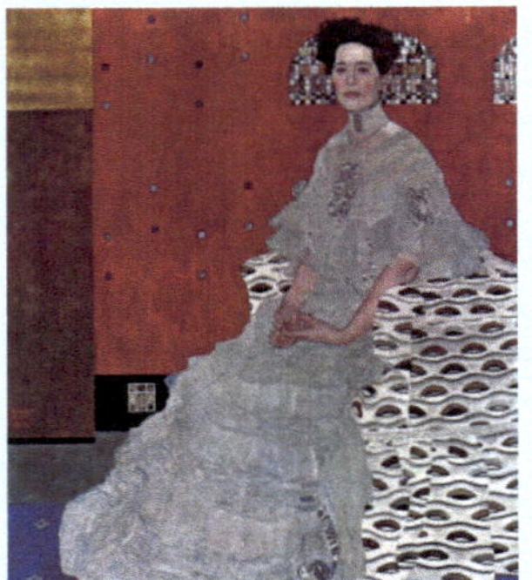
Gustav Klimt
Bildnis Fritza Riedler 1906

Der **Qualitätskontrast** beinhaltet Gegensätze besonders im Formund Farb-, aber auch im Stil-,Technik und Materialbereich. Unregelmäßige Formen können regelmäßigen gegenüberstehen. Geschlossene Formen können auf offene, geordnete auf ungeordnete und unvollständige auf vollständige treffen und reine Farben auf unreine.

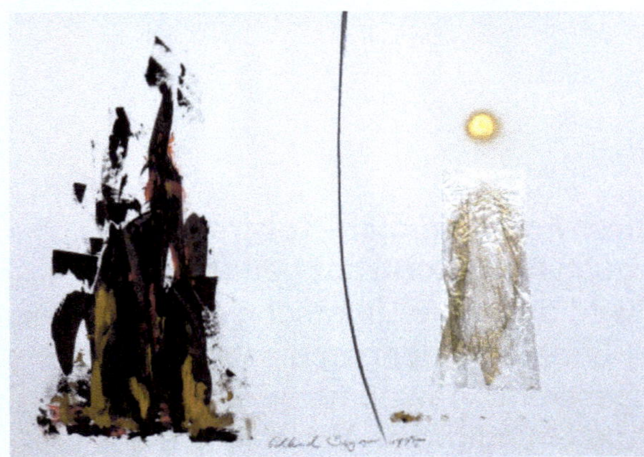
Eckhard Berger
Verzweiflung und Hoffnung 1995

Ein **Oberflächenkontrast** entsteht durch den Einsatz unterschiedlicher Materialien und Fertigungstechniken auf der Bildfläche, sodass reliefähnliche Gegensatzeigenschaften entstehen, zum Beispiel glatt und rau. In dem Bildbeispiel konrastieren die wellige Plastiktüte und die pastos aufgetragene Farbe miteinander, mit dem glatten Untergrund und mit den weiteren Inhalten.

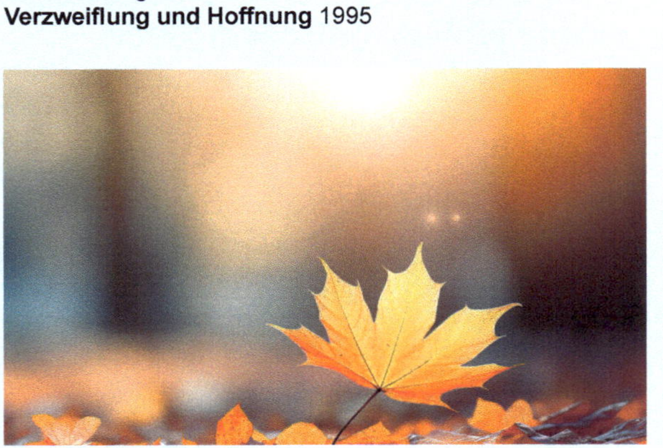

Der **Schärfekontrast** wird durch die scharfen und unscharfen Bildteile bestimmt. Die unscharfen Teile fördern die Lenkung des Blickes auf die scharfen Teile. Schärfe unterstützt die Nähe und Unschärfe die Entfernung zum Betrachter. Der Schärfenkontrast fördert Raumtiefe.

Kontraste 3

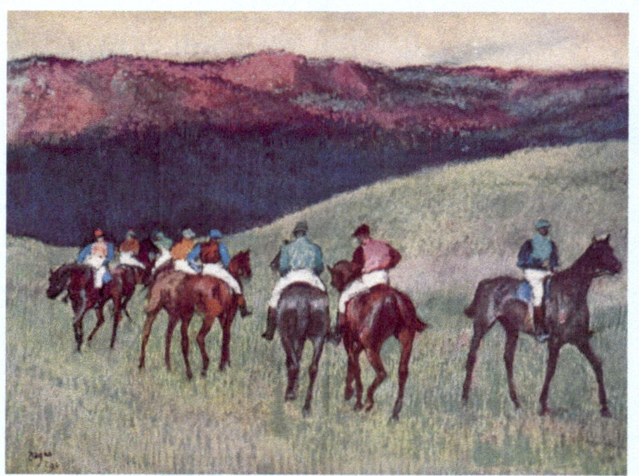

Edgar Degas **Rennpferde: Das Training** 1894

Merkmal des **Richtungskontrastes** ist, dass Inhalte in unterschiedliche Richtungen zeigen oder laufen. Der stärkste Kontrast zeigt sich bei genau entgegengesetzten Richtungen und der schwächste bei ähnlichen. Die Art der Gerichtetheit kann bei dem Betrachter mehr Ruhe oder mehr Spannung erzeugen.

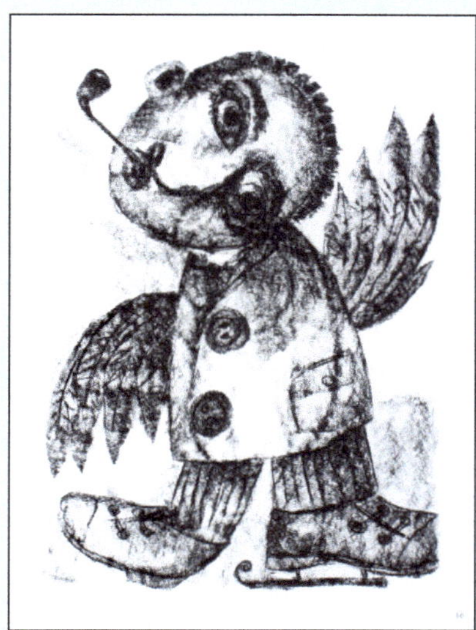

Gennady Karabinskiy **O. T.** 2020

Der **Inhaltskontrast** oder **motivische Kontrast** zeigt widersprüchliche oder ungewohnte Inhalte. So kann, wie es in dem Bild des Künstlers **Gennady Karabinskiy** zu sehen ist, eine scheinbar tanzende Person mit entgegengesetzt gerichteten Flügeln und einem verkehrt angezogenen Schlittschuh ausgestattet sein. Tiere können ein menschliches Gesicht zeigen. Auch können sich zwei oder mehr unterschiedliche Inhalte in einem Bild begegnen.

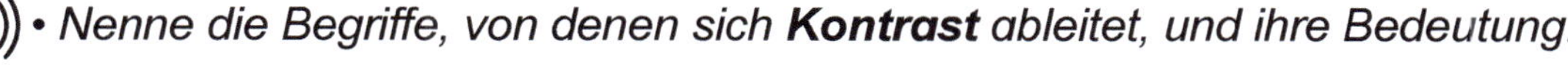

- *Nenne die Begriffe, von denen sich **Kontrast** ableitet, und ihre Bedeutung.*
- *Erkläre, was ein Kontrast ist.*
- *Welcher Kontrast wird als wichtigster Kontrast bezeichnet?*
- *Welche Grundformen bilden den stärksten Form-an-sich-Kontrast?*
- *Nenne ein Beispiel für einen Größenkontrast.*
- *Bezeichne den Kontrast, der unterschiedlich gerichtete Inhalte betrifft.*
- *Welche weitere Bezeichnung gibt es für den Inhaltskontrast?*

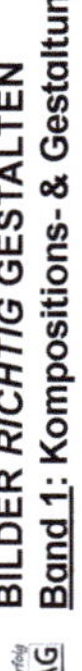

BILDER *RICHTIG* GESTALTEN
Band 1: Kompositions- & Gestaltungsgrundlagen – Bestell-Nr. 13 091

Hell-dunkel-Kontrast

- *Gestalte auf der Tapetenbahn ein gleichmäßiges farbiges Muster in einem kräftigen **Hell-dunkel-Kontrast**.*

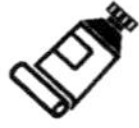

- *Klebe für mehr Platz ein Blatt Papier an.*

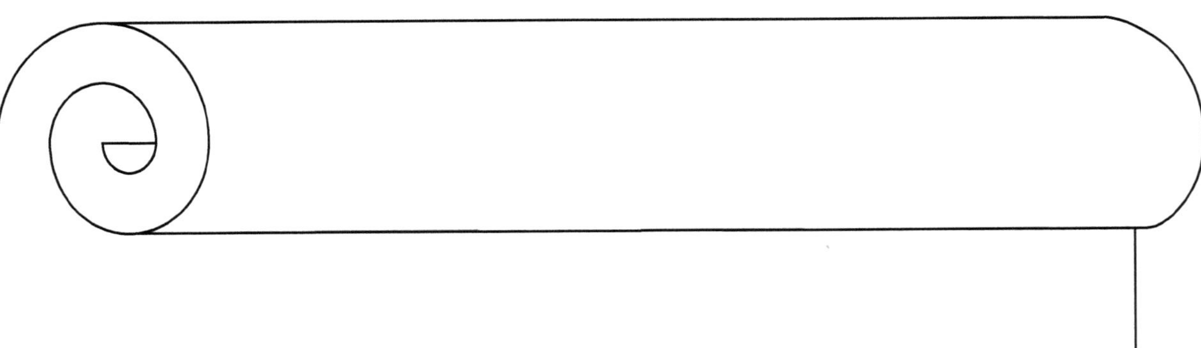

Hier ankleben

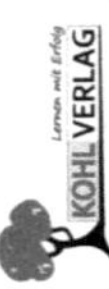

Form-an-sich-Kontrast

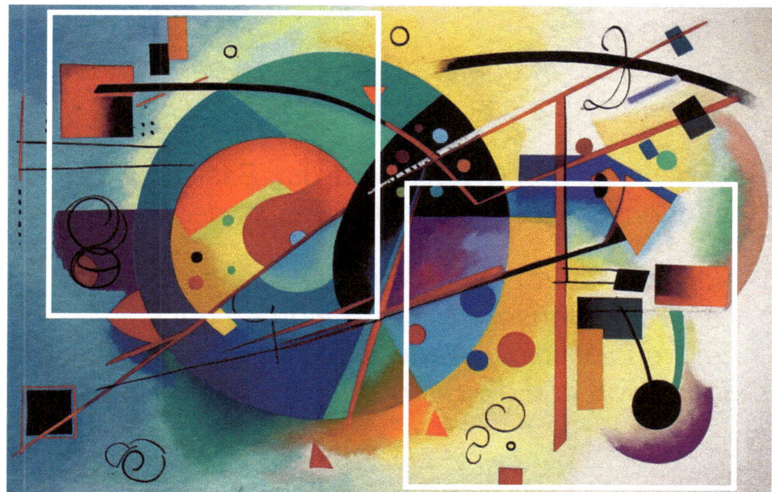

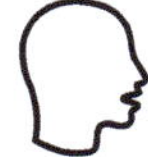

- *Beschreibe hier den* ***Form-an-sich-Kontrast****.*

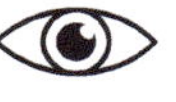

- *Wähle einen Bildausschnitt.*

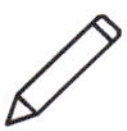

- *Zeichne ihn verändert nach.*

- *Male ein Bild mit geometrischen Formen mit Pinseln und Tuschfarben auf einem Zeichenblockblatt der Größe DIN A3.*

KOHL VERLAG
BILDER *RICHTIG* GESTALTEN
Band 1: Kompositions- & Gestaltungsgrundlagen – Bestell-Nr. 13 091

Größenkontrast

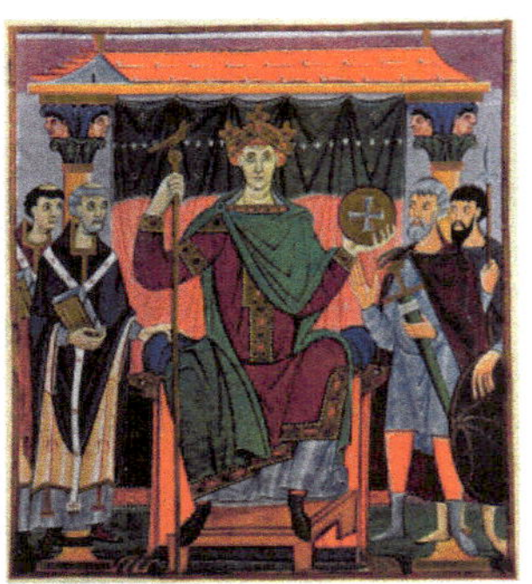
Meister der Reichenauer Schule
Evangeliar Kaiser Ottos III.
um 1000 (Szene)

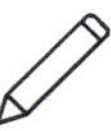

- *Zeichne die thronende Figur neben dem erheblich kleineren Kirchenvertreter weiter. Male sie an.*

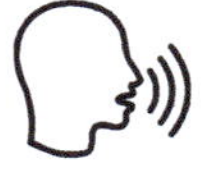

- *Beschreibe den* ***Größenkontrast****. Bestimme das Größenverhältnis der beiden zueinander.*

- *Male ein Porträt deiner oder einer unbekannten Familie mit Pinseln und Tuschfarben auf einem Zeichenblockblatt. Kinder oder Jugendliche sollen dabei groß und die Eltern klein dargestellt werden.*

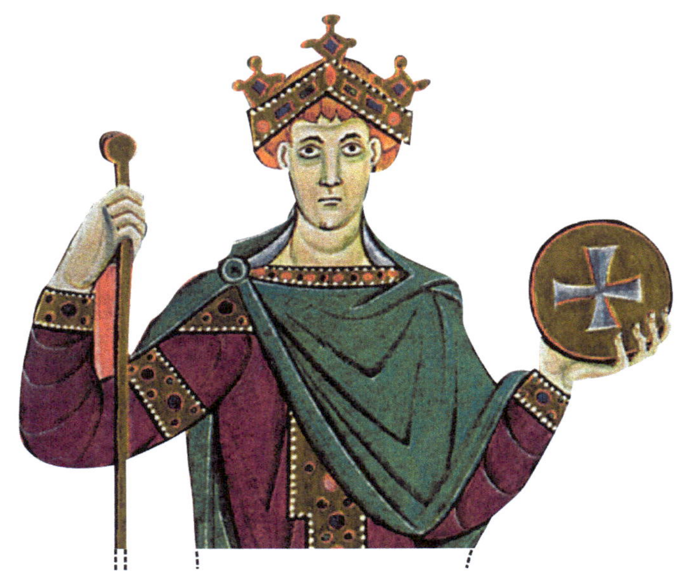

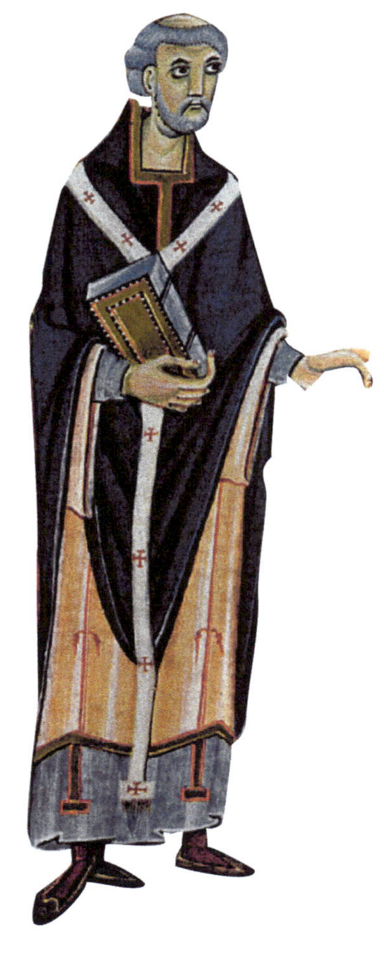

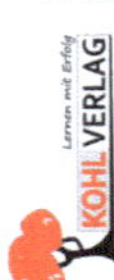

Qualitätskontrast

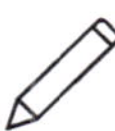

- *Gestalte auf dem Kleid einen* ***Qualitätskontrast*** *mit regelmäßigen und unregelmäßigen, geöffneten und geschlossenen oder gegliederten und ungegliederten Formen.*

- *Gestalte in diesem Kontrast ein weißes Kleidungsstück mit Stoffmalstiften, zum Beispiel ein Hemd oder ein Paar Leinenschuhe.*

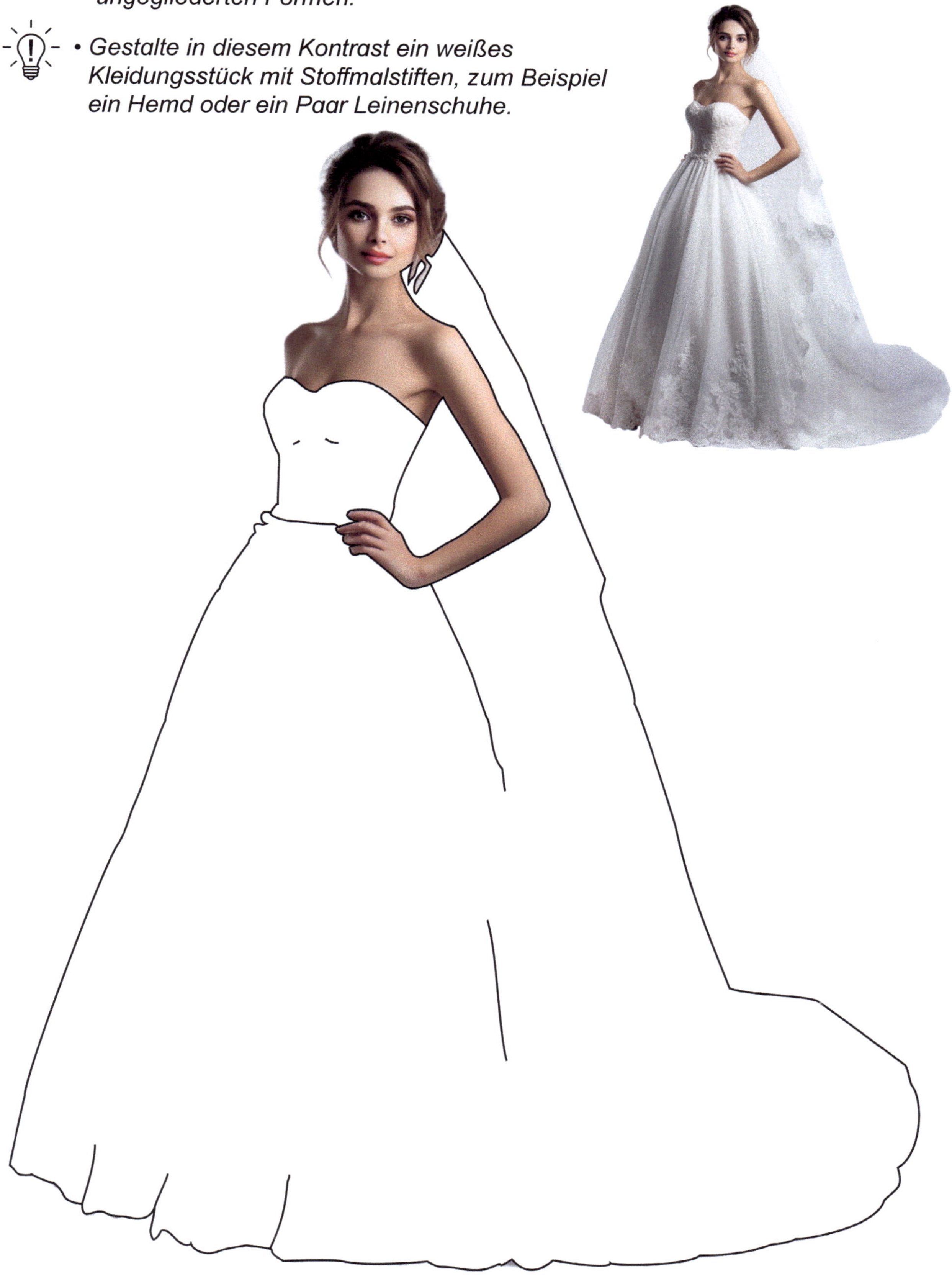

BILDER *RICHTIG* GESTALTEN
Band 1: Kompositions- & Gestaltungsgrundlagen – Bestell-Nr. 13 091
KOHL VERLAG

Oberflächenkontrast

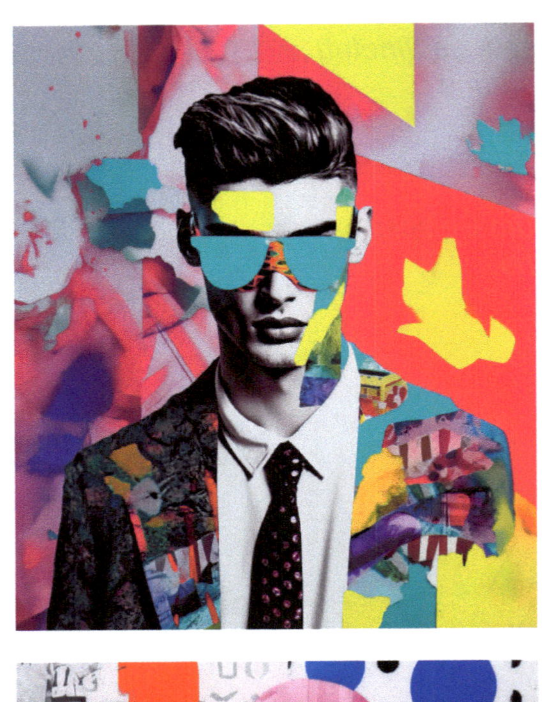
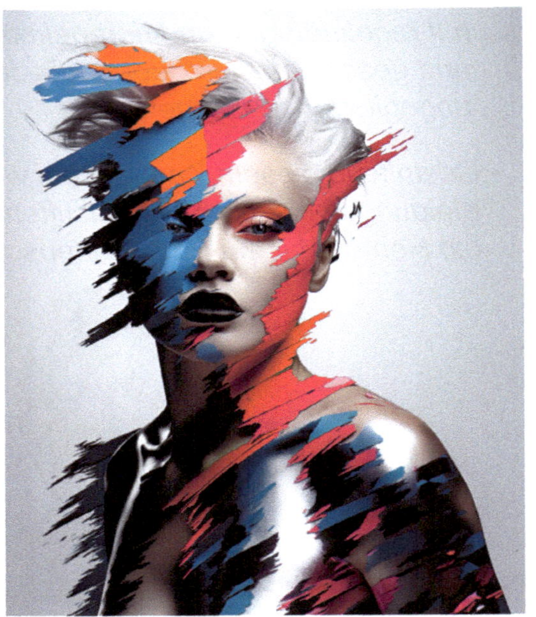
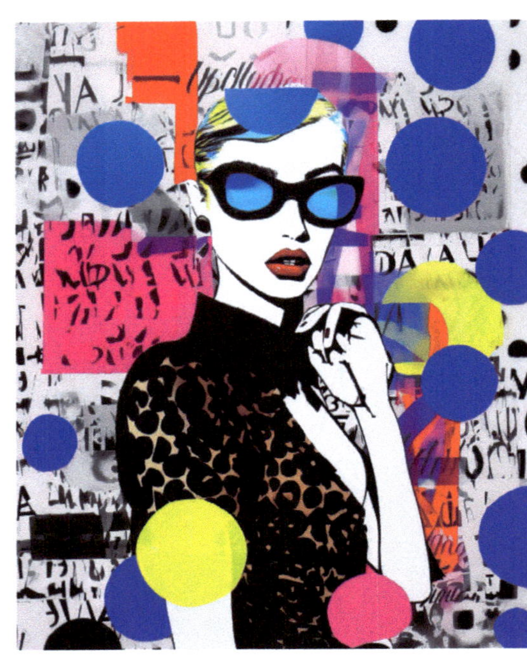
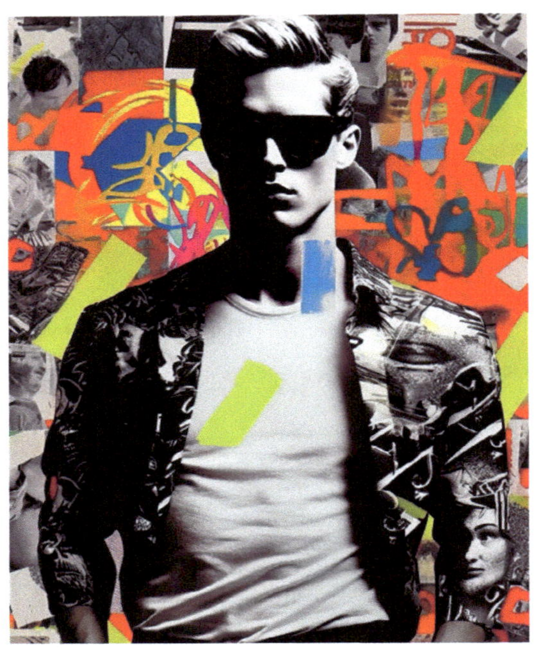

 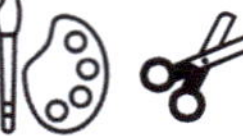 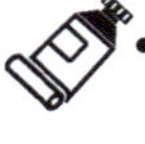

- Gestalte ein Porträt als Popcollage. Zeichne, male und klebe aus Zeitschriften, Katalogen und Prospekten ausgeschnittene passende Teile zusammen. Orientiere dich an den Beispielen.

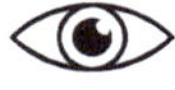

- Orientiere dich an den Bildbespielen. Ein **Oberflächenkontrast** wird dabei entstehen.

- Gestalte eine Stadt auf einer großen, festen Papier- oder Pappfläche mit verschiedenen aufzuklebenden Alltagsmaterialien, zum Beispiel Pappe, Holz, Plastik und Fäden. Male und zeichne dazu.

KOHL VERLAG
BILDER *RICHTIG* GESTALTEN
Band 1: Kompositions- & Gestaltungsgrundlagen – Bestell-Nr. 13 091

Schärfekontrast

- Klebe das Blatt auf die linke Hälfte eines querformatigen Zeichenblockblatt der Größe DIN A3.
- Male darauf die Bretterfläche und Pflanzenteile im Vordergrund scharf und Pflanzen im Hintergrund verschwommen weiter, sodass ein **Schärfekontrast** entsteht. Benutze Pinsel und Tuschfarben.
- Um eine verschwommene Eigenschaft zu erreichen, feuchte das Blatt vorher mit Wasser an.

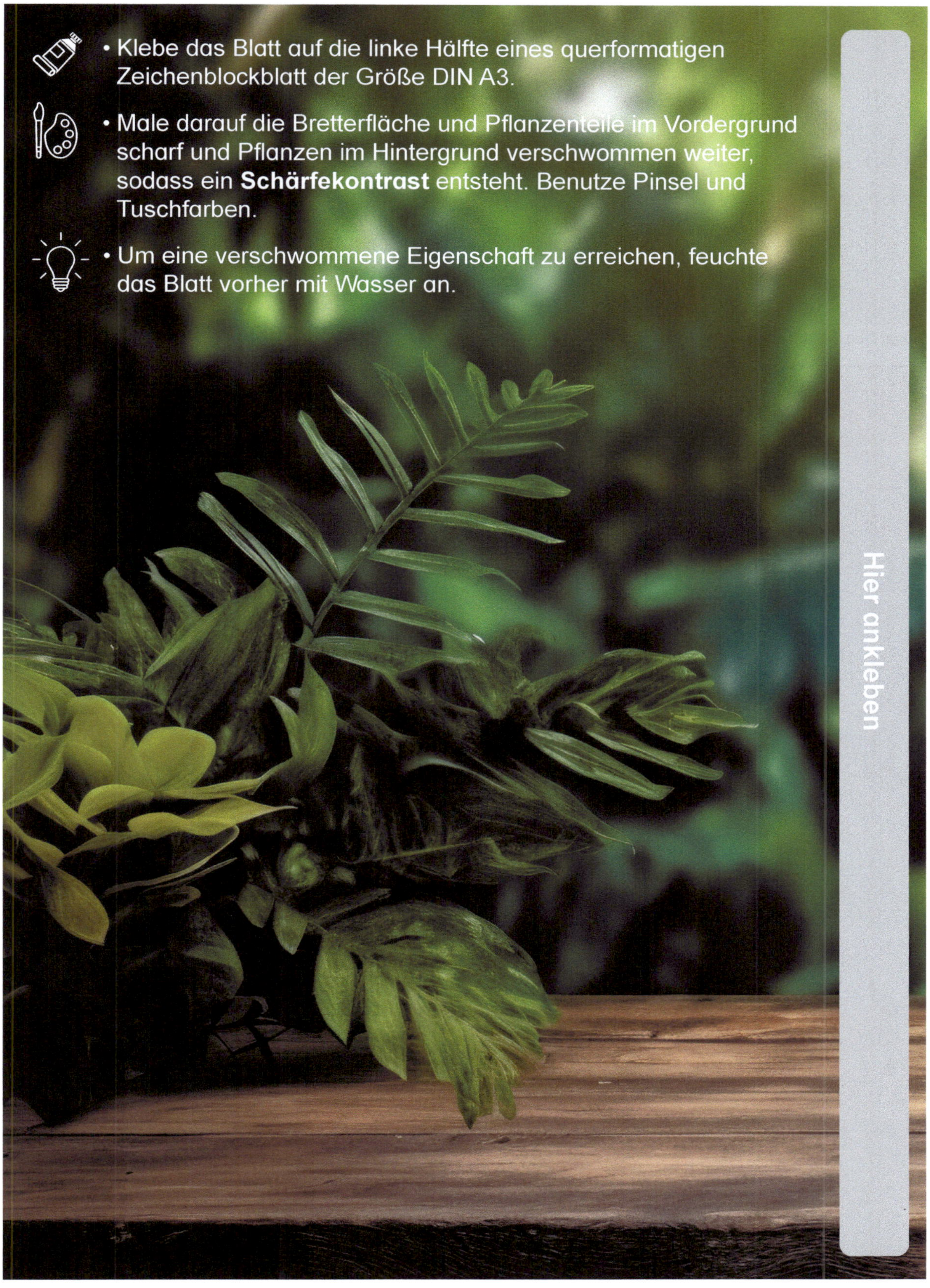

Hier ankleben

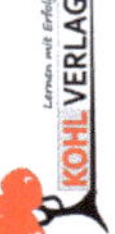

Richtungskontrast

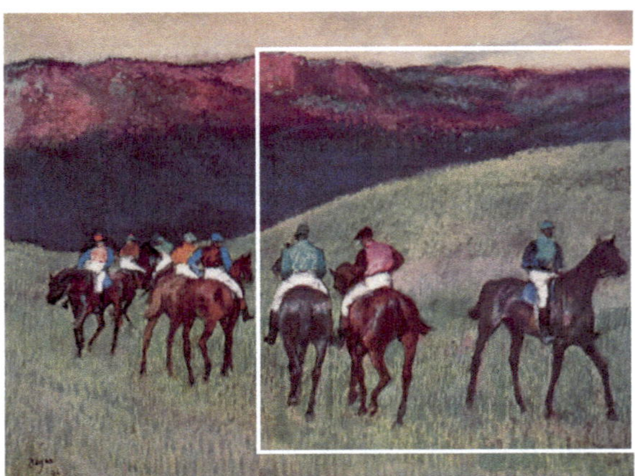

Edgar Degas Rennpferde: Das Training 1894

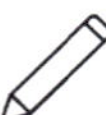

- *Zeichne den Bildausschnitt weiter. Ergänze das rechte Pferd mit dem Reiter in einer veränderten Bewegungsrichtung und den Hintergrund.*

- *Male mit Pinseln und Tuschfarben auf einem Zeichenblockblatt der Größe DIN A3 Pferde auf einer Weide, die sich in verschiedene Richtungen bewegen. Ein kräftiger **Richtungskontrast** soll entstehen.*

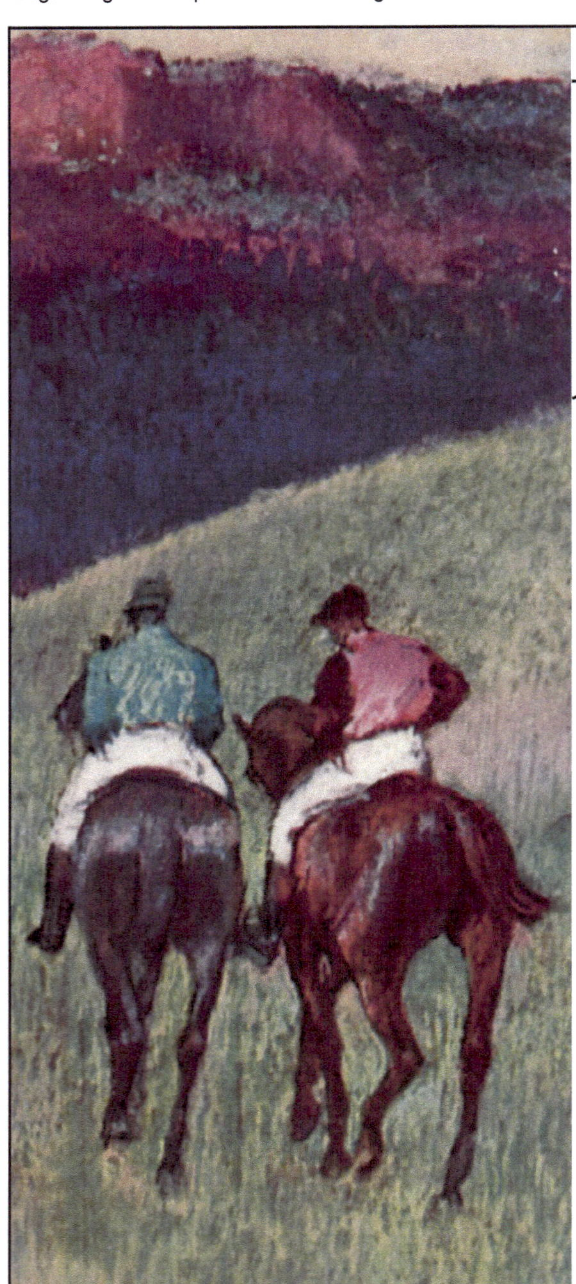

KOHL VERLAG Band 1: Kompositions- & Gestaltungsgrundlagen – Bestell-Nr. 13 091

Inhaltskontrast

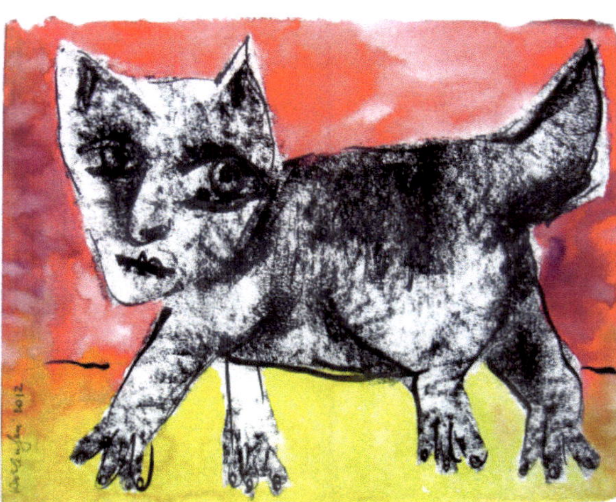
Gennady Karabinskiy O. T. 2012

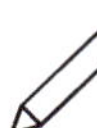

- *Zeichne dein Lieblingstier mit einem menschenähnliche Gesicht und einem Hintergrund.*

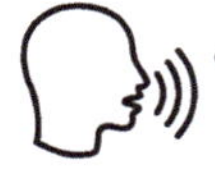

- *Erkläre, warum es dein Lieblingstier ist.*

- *Male Tiere mit Pinseln und Tuschfarben in einer veränderten oder fremden Umgebung so auf einem Zeichenblockblatt der Größe DIN A3, dass ein* ***Inhaltskontrast*** *entsteht.*

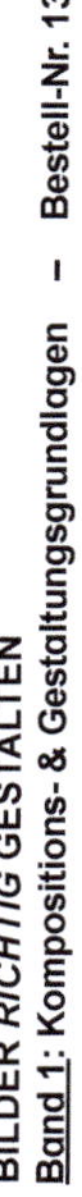
BILDER *RICHTIG* GESTALTEN
Band 1: Kompositions- & Gestaltungsgrundlagen – Bestell-Nr. 13 091

Blick in Band 2

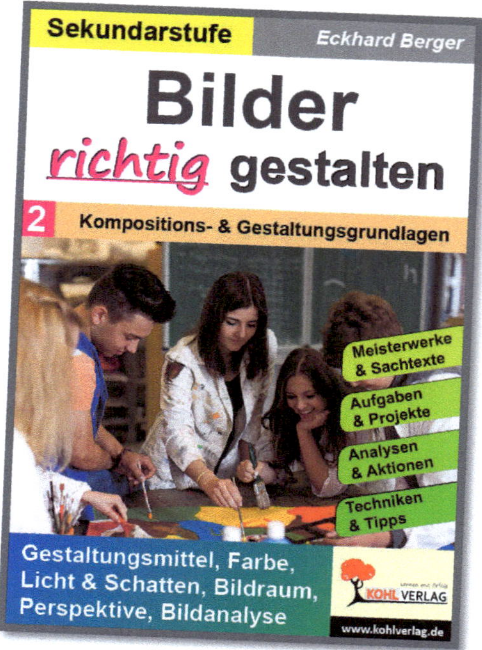

Gestaltungsmittel

Punkt, Linie, Fläche, Form, Muster

Aufgaben

Bildraum

Höhenunterschied, Überdeckung, Staffelung, Größenunterschied, Detailreduzierung, Schärfereduzierung, Farb- und Luftperspektive

Aufgaben

Licht und Schatten

Chiaroscuro, Tenebrismus, Normalstil, Low-Key-Stil, High-Key-Stil, Schlagschatten, Körperschatten, Halbschatten, gerichtetes und diffuses Licht, Auf-, Vorder-, Gegen-, Streif und Seitenlicht, Lichtwinkel

Aufgaben

Perspektive

Parallelprojektion, Grundrissschrägbild, Raumachsenschrägbild, Fluchtpunktperspektive, Fluchtpunkt, Fluchtlinien, Augenhöhe, Horizontlinie, Grundebene, Messvertikale, Zweipunkt- und Dreipunktfluchtperspektive, Frosch-, Frontal- und Vogelperspektive, Drauf- und Untersicht

Aufgaben

Farbe

Farbkreis, Primär- und Sekundärfarben, Farbgang, Farbfamilie, Hell-dunkel-Kontrast, Bunt-zu-unbunt-Kontrast, Farbe-an-sich-Kontrast, Kalt-warm-Kontrast, Komplementärkontrast, Qualitätskontrast, Quantitätskontrast

Aufgaben

Schema Bildanalyse

Drei-Teile-Schema, Checkliste

Aufgaben

Best.-Nr. 13 098

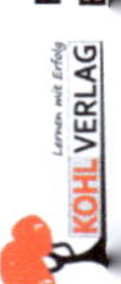

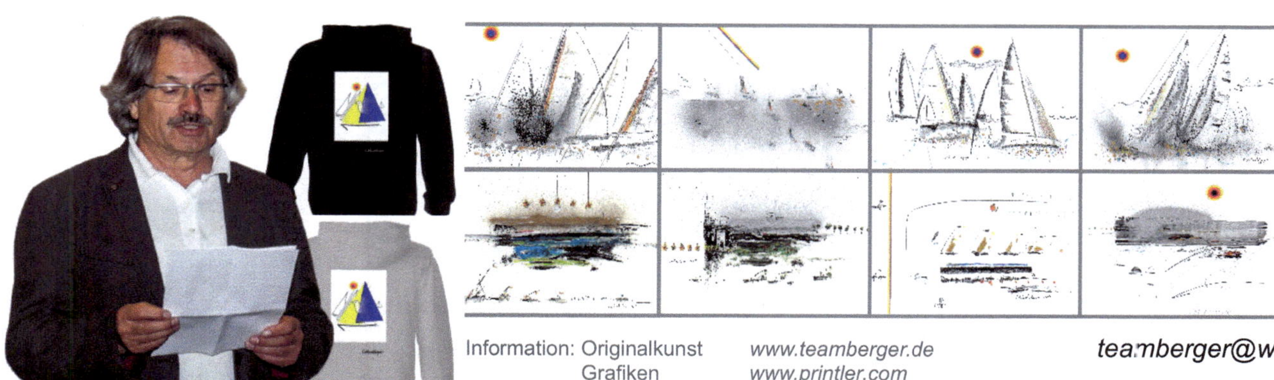

Information: Originalkunst www.teamberger.de
Grafiken www.printler.com
www.ohmyprints.com
Designs www.redbubble.com
Mode und Bilder www.art-shirt.com

teamberger@web.de

Eckhard Berger

Autor, Künstler, Designer, Kunsthistoriker und Kunstreferent

- Geboren am 06.06.1951
- wohnt und arbeitet in Brake/Unterweser
- Kunst-, Pädagogik-, Psychologie- und Soziologiestudium
- Seit 1987 internationale Kunstausstellungen, Events und Kooperationen mit Künstlern, Galerien und Kulturinstitutionen
- Moderne Grafik, Skulpturen, Kunstkonzepte, Schmuck- und Möbeldesign
- Design der Freizeitmodekollektionen ***Segelimagination*** *und* ***Landschaftsimagination*** *(Ich trage Kunst)*
- Werke im privaten und öffentlichen Besitz
- Gründung der Aktion ***Kunst hilft****, Bilderspenden für wohltätige Organisationen und Hilfs- und Umweltprojekte*
- Innovative Förderkonzepte für Kinder und Jugendliche
- Autor von neuartigen Praxisbüchern für den modernen Kunstunterricht in Deutschland, Österreich und der Schweiz und andere Fachbereiche (Psychologie, Wahrnehmung, Kreativität und Ernährung)
- Kooperation und gemeinsame Bücher und Publikationen mit der Autorin Barbara Berger
- Vorträge zu populären Pädagogik-, Psychologie-, Kunst-, Kunstpädagogik-, Kunstgeschichts- und Kreativitätsthemen
- Mitwirkung in TV- und Kinofilmen

Über 160 Bücher aus dem Kohl-Verlag verfügbar, u.a.

Farbtopf (Vorschule, GS)
Kunterbunte Farbtopfgeschichten (Vorschule, GS)
Kunststarter (Vorschule, GS)
Konzentrieren können (Vorschule, GS)
Zeichnen können, 4 Bände (Vorschule, GS)
Zusatzmaterial Anfangsunterricht (Vorschule, GS)
5-Minuten-Lesegeschichten (Vorschule, GS)
Schwungübungen (Vorschule, GS)
Bunte Farbe (GS)
Kunstwerke für Schulen, 3 Bände (GS)
Kunst fachfremd unterrichten (GS)
Entspannungsmalen (GS)
Kunst in Kürze (GS)
Buchstaben- und Zahlengeschichten (GS)
Kinder fit fördern, 3 Bände (GS)
Kinderkunstland (GS)
Bildstarke Geschichten (GS)
Emmas Kunstentdeckungen, 2 Bände (GS)
Kunst in 3 Niveaustufen (GS)
Anmalen & Weitergestalten für kleine Künstler (GS)
Freies Kreativzeichnen (GS)
Kunstwerke entdecken und anmalen (GS)
Kompetenzförderung Rätseln, zeichnen & anmalen (GS)
Kompetenzförderung Geschichten lesen, zeichnen & anmalen (GS)
Kompetenzförderung Wahrnehmen, sich konzentrieren, zeichnen & anmalen (GS)
Kunstbonbons, 5 Bände (GS)
Kreatives Gedächtnistraining (GS)
Vertretungsstunden Kunst (GS)
Kunstgeschichte für Kinder (GS, SEK)
Vincent van Gogh - Anmalen und weitergestalten, Schulmalbuch, 32 Bände zu Claude Monet, August Macke, Paul Cézanne, Ernst Ludwig Kirchner, Camille Pissarro, Lucas Cranach, Jan van Eyck, Jean-François Millet, Henri Rousseau, Caspar David Friedrich, Paul Klee, Gustav Klimt, Der Blaue Reiter, Paula Modersohn-Becker, Pieter Bruegel, Paul Gauguin, Albrecht Dürer, Rembrandt, Édouard Manet Leonardo da Vinci, Edgar Degas, Henri de Toulouse-Lautrec, Franz Marc, Jan Vermeer, Peter Paul Rubens, Georges Seurat, Gustave Courbet, Vincent van Gogh, Pierre-Auguste Renoir, Paul Klee, Henri de Toulouse-Lautrec, Édouard Manet, Camille Pissarro, Jean-Francois Millet, Die Brücke, Wassily Kandinsky, Michelangelo, Max Beckmann, Francisco de Goya (GS, SEK)

Superleckere Smoothies, 2 Bände (GS, SEK)
Superleckere Smoothies und Shakes (GS, SEK)
Anmalen und Weitergestalten für kleine Künstler (GS,SEK)
Kunstgeschichte für Kinder (GS, SEK)
Farbe - Komplette Theorie im modernen Kunstunterricht (SEK)
Design - Moderner Kunstunterricht in der Sekundarstufe (SEK)
Moderne Kunst, 3 Bände (SEK)
Künstler in die Klassen, 3 Bände (SEK)
Kunstwerke für Schulen, 3 Bände (SEK)
Kunst in Kürze (SEK)
Kunstauge (SEK)
Kunst COOL, (SEK)
Kunsttipp & Co, 3 Bände, (SEK)
Kunstknaller, 2 Bände (SEK)
Logikrätsel Kunst, 2 Bände (SEK)
Kreuzworträtsel Kunst (SEK)
Emmas Kunstentdeckungen (SEK)
Wir werden Kunstprofi, 2 Bände (SEK)
Kunst fachfremd unterrichten (SEK)
Entspannungsmalen, 2 Bände (SEK)
Internationale Gegenwartskunst (SEK)
Kunst in 3 Niveaustufen (SEK)
Freies Kreativzeichnen (SEK)
Raum und Perspektive (SEK)
Die Kunstepoche Impressionismus (SEK)
Die Kunstepoche Expressionismus (SEK)
Die Kunstepoche Realismus (SEK)
Die Kunstepoche Renaissance (SEK)
Die Kunstepoche Jugendstil (SEK)
Kreatives Gedächtnistraining (SEK)
Große Kunstgeschichte, 2 Bände (SEK)
Kunstquizzer (SEK)
Vertretungsstunden Kunst (SEK)
Kreative kurze Kunstprojekte (SEK)
Moderne Kunst, 3 Bände (SEK)
Kunstthema Landschaft (SEK)
Kunstthema Alltag (SEK)
Kunstthema Porträt (SEK)
Kunstthema Stillleben (SEK)
Die große Graffitischule (SEK)
Das große Graffiti-Schulmalbuch (SEK)
Bilder richtig gestalten (SEK)

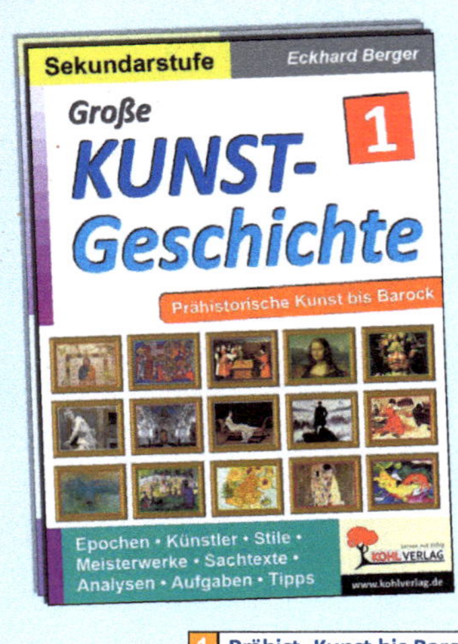

Eckhard Berger

Große Kunstgeschichte

Infos - Analysen - Tipps - Aufgaben

TIPP

Standardwerke nach einem innovativen und effektiven Konzept als grundlegende kustgeschichtliche Lehr- und Lern-werke. Die Bände sind chronologisch aufgebaut und erklären eindrucksvoll alle relevanten Epochen und Stile und ihren Kontext zueinander. Jede Epoche wird mit Sachtexten, Bildern und Aufgaben intensiv behandelt.

1 *Prähistorische Kunst bis Barock:*

Prähistorische Kunst, Ägyptische (Griechische, Römische, Byzantische, Karolingische) Kunst, Romantik, Gotik, Renaissance, Manierismus, Barock

2 *Rokoko bis Moderne:*

Rokoko, Klassizismus, Romantik, Realismus, Impressionismus, Pointillismus, Symbolismus, Postimpressionismus, Jugendstil, Expressionismus

FARBIG	1 Prähist. Kunst bis Barock	12 406	je 80 Seiten
	2 Rokoko bis Moderne	12 407	ab 23,99 €

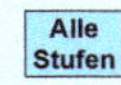

Eckhard Berger

Kunstepochen

Theorie & Praxis
kompakt und leicht verständlich

Diese mehrbändige Unterrichtsreihe, konzeptionell, innovativ und effektiv für den modernen Kunstunterricht entwickelt, umfasst die großen relevanten Kunstepochen vom Mittelalter bis zur Neuzeit. Schüler erleben die bedeutendsten Künstler, Meisterwerke, typische Stilmerkmale, wichtigste und sensationelle Fakten, exklusive Fotos, lernstarke Aufgaben, wertvolle Tipps und Tests. Kunstgeschichte kann so ansprechend, verständlich und schülernah wie nie zuvor erfahren werden.

Realismus	12 355
Expressionismus	12 356
Impressionismus	12 357
Renaissance	12 789
Jugendstil	12 790
Gotik	12 961
Barock	12 962
Klassizismus	12 963
Romantik	12 964

je 48 Seiten · ab 18,99 € · FARBIG · Alle Stufen

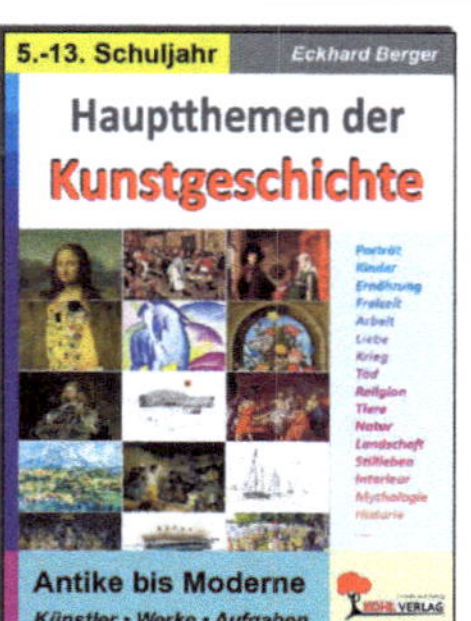

Eckhard Berger

Hauptthemen der Kunstgeschichte

Antike bis Moderne

In der Kunstgeschichte von der Antike bis zur Moderne werden die sich wechselnd wiederholenden vorherrschenden, wichtigen Hauptthemen über Gesellschaft, Zeit, Umwelt und Natur in ihrer faszinierend stilistischen und inhaltlichen Vielfalt im Kontext zur eigenen und anderen Epochen und der Gegenwart eindrucksvoll präsentiert. Lerneffizient, faktenreich spannend, ansprechend und begeisternd erleben Schüler den Transfer zu ihrer Welt. Kunst-, Kommunikations- und Selbstkompetenzen und ein Pflichtbaustein für einen optimalen, modernen Kunstunterricht sind garantiert.

FARBIG	80 Seiten	12 965	ab 23,99 €

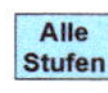

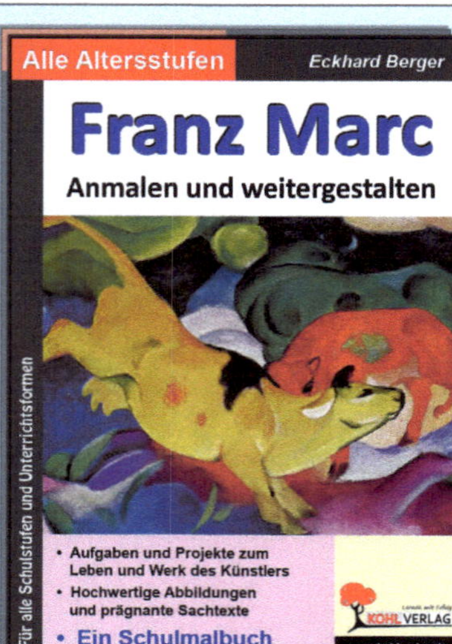

Einsetzbar als Schülerarbeitsbuch oder als Kopiervorlagenwerk!

Eckhard Berger

Bedeutende Künstler der Kunstgeschichte

... anmalen & weitergestalten

Die Reihe führt in das Leben und in das Werk großer internationaler Künstler ein. Jeder Band lässt sich chronologisch durcharbeiten oder beliebig als Haupt-, Ergänzungs-, Vertiefungs- oder Nebenthema in den Unterricht integrieren. Schüler erwerben begeistert Wissen, malen Bilder farbenprächtig an und gestalten sie ideenreich weiter.

Claude Monet	11 184
Vincent van Gogh	11 185
August Macke	11 186
Gustav Klimt	11 527
Der Blaue Reiter	11 307
Pieter Bruegel	11 584
Franz Marc	11 610
Albrecht Dürer	11 749
Caspar David Friedrich	11 939
Leonardo da Vinci	12 078
Paul Klee	12 710
Die Brücke	12 901
Wassily Kandinsky	12 902

FARBIG · je 32 S. · ab 14,99 € · 5 6 7 8 9 10 11-13

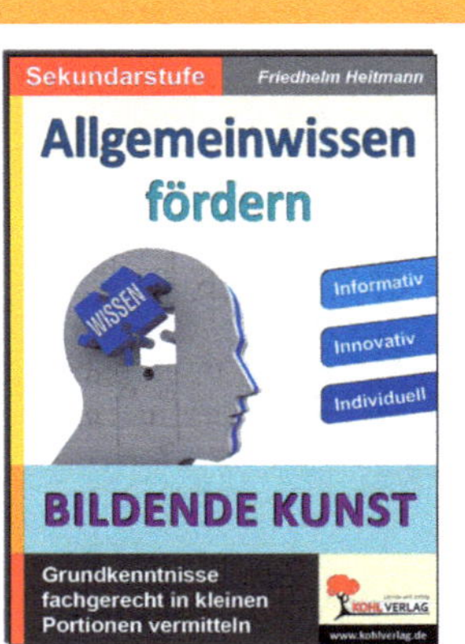

Friedhelm Heitmann

Allgemeinwissen fördern BILDENDE KUNST

Dieser Band liefert in dieser Hinsicht Grundkenntnisse und festigt diese. Zunächst behandelt der Band, was die (Bildende) Kunst umfasst. Im Anschluss geht es kurz um die Architektur und Bildhauerei. Im Mittelpunkt des Bandes stehen jedoch die Malerei und das Zeichnen. Ausgegangen wird dabei von der Farbenlehre. Sodann erfolgt in chronologischer Reihenfolge die Betrachtung ausgewählter, bedeutender Kunstwerke. Der Band hält auch einen Überblick über bedeutsame Kunstepochen sowie Kunststile bereit. Entstanden aus der Schulpraxis variieren die Aufgabenstellungen im Band. Die Schüler haben die Gelegenheit, selbst zu malen und zu zeichnen.

64 Seiten	12 354	ab 14,49 €	FÖ PDF plus

5 6 7 8 9 10

Eckhard Berger

Künstler in die Klassen

Vom Mittelalter bis zur Moderne

Die bekanntesten zeitgenössischen Künstler vom Mittelalter bis heute, ihr Leben und ihre Meisterwerke. Infotexte, wertvolles Hintergrundwissen, Analysen, brillante Fotos, faszinierende Abbildungen ... Die Kopiervorlagen und eine abschließende Lernkontrolle sorgen für einen hohen Lerneffekt!

80 S.	Band 1	10 881	ab 22,49 €
80 S.	Band 2	10 924	ab 23,49 €
88 S.	Band 3	10 925	ab 23,49 €

FARBIG · Alle Stufen

Martin Völker & Birgit Brandenburg

Kreative Kunstwerkstätten

Leben und Schaffen der Künstler sowie Mal- & Bastelprojekte

Spuren berühmter Künstler in altersgerechten Texten und Aufgabenstellungen. Die künstlerische Handschrift wird handelnd nachvollzogen, wobei die Motivation zu eigenen Kunstwerken entsteht und das Selbstvertrauen in die eigene künstlerische Leistung wächst., Wie nebenbei lernen die Schüler noch mit jedem Künstler ein Stück Kunst- und Kulturgeschichte kennen.

Berühmte Maler kennenlernen und nachahmen!

48 S.	Leonardo da Vinci	10 864	ab 12,49 €
52 S.	Franz Marc	10 947	ab 14,49 €
52 S.	Henri Rousseau	11 038	ab 14,49 €
52 S.	Paul Klee	11 156	ab 14,99 €
48 S.	Pierre-Aug. Renoir	11 451	ab 12,49 €
44 S.	Michelangelo	12 150	ab 14,49 €
56 S.	Vassily Kandinsky	12 077	ab 14,99 €

5 6 7

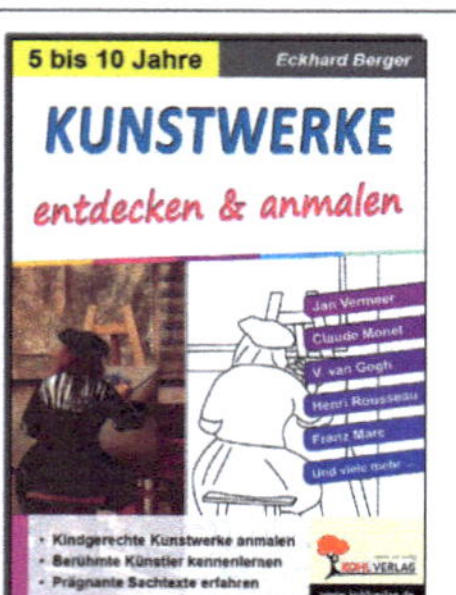

Eckhard Berger

Kunstwerke entdecken & anmalen

Der Band ist das lernstarke Mal- und Kunstbuch für alle kleinen Künstler, das unverzichtbar in der kunstpädagogischen Früherziehung ist. Es kann einerseits als Arbeitsbuch oder als Unterrichtswerk eingesetzt werden. Die Vorlagen sind auch zur häuslichen Förderung bestens geeignet. Kinder entdecken die berühmtesten Künstler und deren bedeutendste Meisterwerke, die sie nach vorgegebener oder nach eigener Farbwahl anmalen.

FARBIG	40 Seiten	12 231	ab 17,49 €

5

Eckhard Berger

Kunstgeschichte für Kinder

Von der Höhlenmalerei bis zur modernen Kunst

Alle relevanten Kunstepochen von der Höhlenmalerei bis zur modernen Kunst. Berühmte Künstler, Meisterwerke, kindgerechte Sachtexte, spannende Basis- und Ergänzungsaufgaben und mehr. Alle Kinder nehmen optimal begeistert und hoch motiviert kunstgeschichtliche Inhalte auf und setzen sie unter Einsatz verschiedener Materialien kreativ gestalterisch um. Wertvolles Grundwissen und fantastische Praxisergebnisse entstehen.

FARBIG	64 Seiten	12 284	ab 20,99 €

5 6

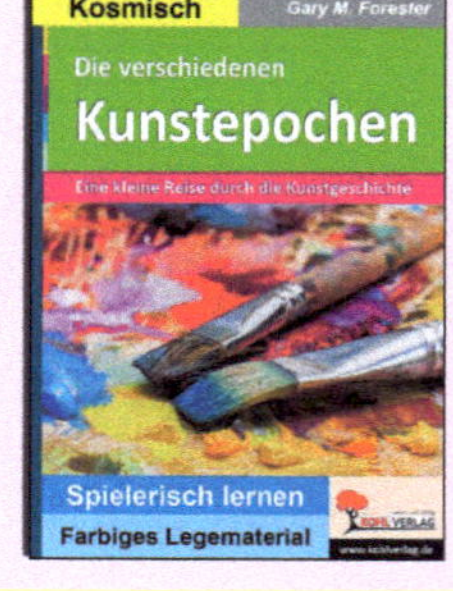

Gary M. Forester

Die verschiedenen Kunstepochen

NEU

Eine kleine Reise durch die Kunstgeschichte

Mit diesem Band bekommen die Schüler einen Überblick über die Entwicklung der Kunst von der prähistorischen Kunst bis zur Moderne. Der Inhalt ist nach den Epochen wie Gotik, Klassizismus, Romantik usw. aufgeteilt. Farbliche Zuordnung der Legekarten mit einfachen kurzen Texten zu Schwerpunkten wie Malerei, Grafik und Plastik und Architektur helfen den Schülern, die Kunstepochen fest einzuprägen. Außerdem lernen die Schüler mit diesem Legematerial bedeutendste Künstler kennen.

FARBIG	48 Seiten	15 092	ab 18,99 €

5 6 7 8